매 일 중 국 어 습 관 의 기 적 !

나의 하루 **1**줄 중국어 쓰기 수첩

✅ 중급문장 100

> "외국어는 매일의 습관입니다."

매 일 중 국 어 습 관 의 기 적 !

나의 하루 1줄
중국어 쓰기 수첩

✓ 중급문장 100

매일 한 줄 쓰기의 힘

많은 사람들이
중국어를 공부하고 싶어도
어떻게 공부해야 하는지 몰라 시작하길 주저하거나
기초 발음만 2~3달 공부하다가
지쳐서 포기하는 경우가 많습니다.

계속 이와 같이 작심삼일만 반복하고 싶으신가요?
아니면 하루 한 문장씩
확실히 익히고, 이를 직접 반복해서 써 보며
중국어를 정말 제대로 배워보고 싶으신가요?

한자, '많은 양을 무턱대고' 쓰지 말고
'하나씩 차근차근' 써 보세요.

중국어는 특히 '한자 쓰기'가 어려운 언어입니다.
따라서 마치 그림을 그리듯 한자를 어렵게 쓰시는 분들이 많지요.
기초문장 100에서 한자 획순에 대한 감을 익혔다면
중급문장 100에서는 더욱 다양한 문장의 의미를
이해하며 한 문장씩 차근차근 써 보세요.
3개월 뒤엔 100여 개의 중국어 문장을 완벽히 익히고 쓸 수 있게 됩니다.

발음과 성조, '한 번' 듣기로 끝내지 말고
'매일 꾸준히' 듣고 따라 해 보세요.

중국어는 '발음과 성조'가 특히 까다로운 언어이기도 합니다.
따라서 한 번, 혹은 몇 번 듣고 마스터하는 것이 사실상 불가능하죠.
몇 번 듣고 나 다 했어~가 아닌
꾸준히 듣고 따라 하는 '매일의 반복 연습'을 통해서만
중국어 말하기 실력이 늘게 됩니다.

문법, '머리로만 달달' 외우지 말고
'단어의 어순'을 통해 익혀 보세요.

중국어 문법의 포인트는 '어순'입니다.
따라서 머리로만 문법 지식을 달달 외우지 말고
하루 한 문장씩 써 보며 그 안에 녹아 있는 '단어의 어순'을 통해
자연스럽게 중국어 문법을 익혀 보세요.

쓰기 수첩 활용법

DAY 013 ___월 ___일

저는 그 영화를 봤어요.

我看了那部电影。
Wǒ kànle nà bù diànyǐng.

1

설명 「동사+了」=「~을 했다(완료)」
我看电影。 저는 영화를 봐요.
我看了那部电影。 저는 그 영화를 봤어요.
'~을 했다'라고 이미 일어난 일을 말하고 싶을 때 동사 뒤에 了를 사용합니다. 동사 뒤에 了를 사용하면 목적어는 구체적으로 표현해야 합니다. (电影→那部电影)

읽으면서 써 보기 (쓰고 √표시)   🎧 mp3 038

☐
☐
☐
☐

2

응용해서 써 보기   🎧 mp3 039

① 저는 만 위안을 썼어요. (돈을 쓰다 = 花钱 huāqián)
　→
② 그는 차 한 대를 샀어요. (차 한 대 = 一辆汽车 yí liàng qìchē)
　→

정답
① 我花了一万块钱。 Wǒ huāle yíwàn kuài qián.
② 他买了一辆汽车。 Tā mǎile yí liàng qìchē.

3

1 하루 1문장씩
제대로 머릿속에 **각인시키기**

『하루 한 줄 중국어 중급문장 100』에서는 중급 수준의 문장을 하루 1문장씩 차근차근, 총 100개 문장을 익힐 수 있도록 구성하였습니다. 각 문장의 문장 구조에 대한 친절한 설명을 보며 보다 쉽게 중국어를 배워 보세요.

2 배운 문장 1개를
짬짬이 **반복해서 써 보기**

출퇴근길, 점심 식사 후, 쉬는 시간 등 하루 중 짬이 날 때마다 그날 배운 문장을 수첩에 반복해서 써 보도록 합니다. 틈틈이 반복해서 쓰다 보면 어느새 한 문장이 자연스럽게 머릿속에 각인이 되어 있을 것입니다.

3 응용 문장까지 써보며
문장 구조 1개 **완벽 마스터**

앞서 배운 문장 구조에 다른 어휘들을 집어넣어 '응용 문장 2개'를 써 보며 그날 배운 문장을 완벽한 내 것으로 만듭니다.

단어 주석

姑娘	gūniang	몡 아가씨
故事	gùshi	몡 이야기
管闲事	guǎn xiánshì	쓸데없이 참견하다, 자기와 무관한 남의 일에 간섭하다
贵	guì	몡 비싸다
国家	guójiā	몡 나라, 국가
过来	guòlái	통 오다
过敏	guòmǐn	몡 알레르기
过	guo	조 동사 뒤에 놓여 과거의 경험을 나타냄

H

| 还 | hái | 튀 아직, 여전히 |

J

几	jǐ	쉬 몇(대개 10 이하의 수를 물을 때 쓰임)
及格	jígé	통 합격하다
极了	jí le	튀 극히, 매우
济州岛	Jìzhōudǎo	몡 제주도
记住	jìzhù	통 기억하다
加班	jiābān	통 초과 근무하다
夹菜	jiācài	음식을 집다
件	jiàn	양 건, 벌(일, 옷 등을 세는 단위)
见	jiàn	통 보다, 만나다

4

5

Day 040	Ch 4 Test /20	Day 041	Day 042	Day 043
Day 044	Day 045	Day 046	Ch 5 Test /20	Day 047
Day 048	Day 049	Day 050	Day 051	Day 052

4 단어 주석을 활용한 꼼꼼한 **어휘 학습**

좀 더 자세한 어휘의 설명이 필요한 학습자들을 위해 단어 주석을 수록하였습니다. 별도로 사전을 찾지 않아도 부록 단어 주석을 통해 품사와 한어병음 등의 사전적 해설을 참고할 수 있습니다.

5 매일매일 쓰기를 확실히 끝냈는지 **스스로 체크하기**

외국어 공부가 작심삼일이 되는 가장 큰 이유 중 하나는 바로 스스로를 엄격히 체크하지 않아서입니다. 매일 꾸준한 학습이 이어질 수 있도록 1문장씩 학습을 마친 후에는 체크일지에 학습 완료 표시를 합니다.

쓰기 수첩 목차

✓ **Warm Up**
기초 다지기   018p

✓ **Chapter 01**   질문하기 I
Day 001~012   032~043p
Test   044p

✓ **Chapter 02**   동작의 완료, 경험, 지속 말하기
Day 013~020   048~055p
Test   056p

✓ **Chapter 03**   동사와 형용사를 꾸며서 말하기
Day 021~032   060~071p
Test   072p

✓ **Chapter 04**   생각, 의견, 추측 말하기
Day 033~040   076~083p
Test   084p

✓ **Chapter 05**   "~에게 ~을"이라고 말하기
Day 041~046   088~093p
Test   094p

✓ **Chapter 06**   동사 2개를 사용해서 말하기
Day 047~054   098~105p
Test   106p

✓ Chapter 07　명령하거나 권유하기
Day 055~062　　　　　　　　　　　　　　　　110~117p
Test　　　　　　　　　　　　　　　　　　　118p

✓ Chapter 08　질문하기 II
Day 063~068　　　　　　　　　　　　　　　　122~127p
Test　　　　　　　　　　　　　　　　　　　128p

✓ Chapter 09　비교해서 말하기
Day 069~080　　　　　　　　　　　　　　　　132~143p
Test　　　　　　　　　　　　　　　　　　　144p

✓ Chapter 10　상태, 동작이 어떠한지 말하기
Day 081~086　　　　　　　　　　　　　　　　148~153p
Test　　　　　　　　　　　　　　　　　　　154p

✓ Chapter 11　동작의 횟수, 기간에 대해 말하기
Day 087~094　　　　　　　　　　　　　　　　158~165p
Test　　　　　　　　　　　　　　　　　　　166p

✓ Chapter 12　대략의 수, 불특정한 것 말하기
Day 095~100　　　　　　　　　　　　　　　　170~175p
Test　　　　　　　　　　　　　　　　　　　176p

✓ 부록
단어 주석　　　　　　　　　　　　　　　　　180~187p

나의 쓰기 체크 일지

본격적인 '하루 한 줄 중국어 쓰기' 학습을 시작하기에 앞서, 수첩을 활용하여 공부하는 방법 및 '나의 쓰기 체크 일지' 활용 방법을 안내해 드리겠습니다. 꼭 읽고 학습을 진행하시기 바랍니다.

✓ 공부 방법

1. 'DAY 1'마다 중국어 문장을 하나씩 학습하게 됩니다.
   (ex) '你是韩国人吗? (한국 사람이세요?)' 문장 학습

2. 입으로 직접 소리 내어 읽으면서 쓰도록 합니다.
   (ex) '你是韩国人吗?' 4번씩 쓰기

3. 배운 문장에 새로운 단어들을 넣어 응용 문장까지 써 봅니다.
   (ex) 你是这里的负责人吗? (이곳의 책임자세요?)

4. 학습을 완료한 후 '나의 쓰기 체크 일지'에 체크() 표시를 합니다.

	Warm Up	Day 001	Day 002
START ▶			
Day 003	Day 004	Day 005	Day 006	Day 007

Day 008	Day 009	Day 010	Day 011	Day 012
Ch 1 Test / 20	Day 013	Day 014	Day 015	Day 016
Day 017	Day 018	Day 019	Day 020	Ch 2 Test / 20
Day 021	Day 022	Day 023	Day 024	Day 025
Day 026	Day 027	Day 028	Day 029	Day 030
Day 031	Day 032	Ch 3 Test / 20	Day 033	Day 034
Day 035	Day 036	Day 037	Day 038	Day 039

Day 040	Ch 4 Test / 20	Day 041	Day 042	Day 043
Day 044	Day 045	Day 046	Ch 5 Test / 20	Day 047
Day 048	Day 049	Day 050	Day 051	Day 052
Day 053	Day 054	Ch 6 Test / 20	Day 055	Day 056
Day 057	Day 058	Day 059	Day 060	Day 061
Day 062	Ch 7 Test / 20	Day 063	Day 064	Day 065
Day 066	Day 067	Day 068	Ch 8 Test / 20	Day 069

Day 070	Day 071	Day 072	Day 073	Day 074
Day 075	Day 076	Day 077	Day 078	Day 079
Day 080	Ch 9 Test / 20	Day 081	Day 082	Day 083
Day 084	Day 085	Day 086	Ch 10 Test / 20	Day 087
Day 088	Day 089	Day 090	Day 091	Day 092
Day 093	Day 094	Ch 11 Test / 20	Day 095	Day 096
Day 097	Day 098	Day 099	Day 100	Ch 12 Test / 20

나의 다짐

다짐합니다.

나는 "나의 하루 한 줄 중국어 쓰기 수첩"을

언제 어디서나 휴대하고 다니며

하루 한 문장씩 꾸준히 포기하지 않고

열심히 쓸 것을 다짐합니다.

만약 하루에 한 문장씩 쓰기로 다짐한

이 간단한 약속조차 지키지 못해

다시금 작심삼일이 될 경우,

이는 내 자신의 의지가 이 작은 것도 못 해내는

부끄러운 사람이란 것을 입증하는 것임을 알고,

따라서 내 스스로에게 부끄럽지 않도록

이 쓰기 수첩을 끝까지 쓸 것을

내 자신에게 굳건히 다짐합니다.

년   월   일

이름:

WARM UP

'중급문장 100'을 공부하기 전,
기초문장을 제대로 알고 있는지
확인하고 넘어갑시다.

① 是 = ~예요
② 명사술어문 = 서술어가 생략된 문장
③ 형용사 = 상태. 성질
④ 동사 = 동작. 행동
⑤ 在 = ~에 있어요
⑥ 有 = ~이 있어요
⑦ 去/来 = ~에 가요/와요
⑧ 喜欢 = ~을 좋아해요
⑨ 要 = ~을 원해요
⑩ 想 = ~하고 싶어요
⑪ 会 = ~할 줄 알아요
⑫ 能 = ~할 수 있어요
⑬ 请 = ~하세요

🎧 mp3 001

① 是 ~예요

: 「A是B(A는 B이다)」의 형식으로 이름, 국적, 직업, 관계 등을 말할 때 쓰는 중국어의 대표적인 동사입니다.

① 「是N」 ~예요

我是学生。 Wǒ shì xuésheng. 저는 학생이에요.

我是韩国人。 Wǒ shì Hánguórén. 저는 한국인이에요.

② 「是N1的N2」 ~의 ~예요

我是他的妹妹。 Wǒ shì tā de mèimei. 저는 그의 여동생이에요.

我是这里的职员。 Wǒ shì zhèli de zhíyuán. 저는 이곳의 직원이에요.

③ 「也是N」 ~도 ~예요

我也是老师。 Wǒ yě shì lǎoshī. 저도 교사예요.

我也是学生。 Wǒ yě shì xuésheng. 저도 학생이에요.

④ 「不是N」 ~이 아니에요

我不是经理。 Wǒ búshì jīnglǐ. 저는 사장이 아니에요.

我不是老师。 Wǒ búshì lǎoshī. 저는 교사가 아니에요.

⑤ 「都是N」 모두 ~예요

我们都是中国人。 Wǒmen dōu shì Zhōngguórén. 우리는 모두 중국인이에요.

我们都是韩国人。 Wǒmen dōu shì Hánguórén. 우리는 모두 한국인이에요.

🎧 mp3 002

② 명사술어문

: 서술어가 생략되어 명사가 직접 서술어 역할을 하는 문장으로 날짜, 시간, 나이, 키 등을 말할 때 씁니다.

① 「今天星期N」 오늘은 ~요일이에요

今天星期一。Jīntiān xīngqīyī. 오늘은 월요일이에요.

今天星期六。Jīntiān xīngqīliù. 오늘은 토요일이에요.

② 「今天N1月N2号」 오늘은 ~월 ~일이에요

今天一月一号。Jīntiān yī yuè yī hào. 오늘은 1월 1일이에요.

今天二月三号。Jīntiān èr yuè sān hào. 오늘은 2월 3일이에요.

③ 「现在N点」 지금은 ~시예요

现在十二点。Xiànzài shí'èr diǎn. 지금 12시예요.

现在三点。Xiànzài sān diǎn. 지금 3시예요.

④ 「今年N岁」 올해 ~살이에요

今年三十岁。Jīnnián sānshí suì. 올해 서른 살이에요.

今年两岁。Jīnnián liǎng suì. 올해 두 살이에요.

⑤ 「身高N1米N2」 키가 ~미터 ~이에요

身高一米六。Shēngāo yì mǐ liù. 키가 1미터 60이에요.

身高一米七五。Shēngāo yì mǐ qī wǔ. 키가 1미터 75예요.

🎧 mp3 003

③ 형용사

: '무엇이 어떠하다'라고 사물이나 사람의 성질과 상태를 표현할 때 사용하는 것으로 보통 앞에 很을 같이 사용합니다.

① 「N 很多」 ~이 많아요

人很多。 Rén hěn duō. 사람이 많아요.

东西很多。 Dōngxi hěn duō. 물건이 많아요.

② 「N 很大」 ~이 커요

手很大。 Shǒu hěn dà. 손이 커요.

声音很大。 Shēngyīn hěn dà. 소리가 커요.

③ 「N 很好」 ~이 좋아요

发音很好。 Fāyīn hěn hǎo. 발음이 좋아요.

味道很好。 Wèidao hěn hǎo. 맛이 좋아요.

④ 「N 很贵」 ~이 비싸요

衣服很贵。 Yīfu hěn guì. 옷이 비싸요.

房子很贵。 Fángzi hěn guì. 집이 비싸요.

⑤ 「N 很热」 ~이 더워요

天气很热。 Tiānqì hěn rè. 날씨가 더워요.

夏天很热。 Xiàtiān hěn rè. 여름이 더워요.

🎧 mp3 004

④ 동사

: 어떤 동작이나 행동을 표현할 때 사용하는 것으로 「주어+동사+목적어」의 순서로 사용합니다. 동사를 목적어 앞에 사용하는 것이 한국어와 다른 특징입니다.

① 「吃 N」 ~을 먹어요

　我吃饭。 Wǒ chīfàn. 저는 밥을 먹어요.

　我吃水果。 Wǒ chī shuǐguǒ. 저는 과일을 먹어요.

② 「学 N」 ~을 배워요

　我学英语。 Wǒ xué yīngyǔ. 저는 영어를 배워요.

　我学汉语。 Wǒ xué hànyǔ. 저는 중국어를 배워요.

③ 「看 N」 ~을 봐요

　我看电视。 Wǒ kàn diànshì. 저는 TV를 봐요.

　我看电影。 Wǒ kàn diànyǐng. 저는 영화를 봐요.

④ 「听 N」 ~을 들어요

　我听音乐。 Wǒ tīng yīnyuè. 저는 음악을 들어요.

　我听广播。 Wǒ tīng guǎngbō. 저는 라디오를 들어요.

⑤ 「喝 N」 ~을 마셔요

　我喝水。 Wǒ hē shuǐ. 저는 물을 마셔요.

　我喝茶。 Wǒ hē chá. 저는 차를 마셔요.

🎧 mp3 005

⑤ 在 ~에 있어요

: 「A在B」는 'A는 B에 있다'라는 뜻으로 존재하는 장소를 나타냅니다. 「A在B+동사」는 'A가 B에서 무엇을 하다'라는 뜻으로 일이 일어나는 장소를 나타냅니다.

① 「在N」 ~에 있어요

我在家。Wǒ zài jiā. 저는 집에 있어요.

我在中国。Wǒ zài Zhōngguó. 저는 중국에 있어요.

② 「不在N」 ~에 없어요

爸爸不在家。Bàba búzài jiā. 아버지는 집에 안 계세요.

他不在这里。Tā búzài zhèli. 그는 여기에 없어요.

③ 「在N里」 ~안에 있어요

妈妈在房间里。Māma zài fángjiān li. 어머니는 방 안에 계세요.

衣服在衣柜里。Yīfu zài yīguì li. 옷이 옷장 안에 있어요.

④ 「在N上」 ~위에 있어요

水果在桌子上。Shuǐguǒ zài zhuōzi shang. 과일이 탁자 위에 있어요.

衣服在椅子上。Yīfu zài yǐzi shang. 옷이 의자 위에 있어요.

⑤ 「在N+V」 ~에서 ~을 해요

我在家做作业。Wǒ zài jiā zuò zuòyè. 저는 집에서 숙제를 해요.

我在办公室工作。Wǒ zài bàngōngshì gōngzuò. 저는 사무실에서 일해요.

⑥ 有 ~이 있어요

: 「A有B(A는 B가 있다)」의 형식은 소유하고 있는 것을 나타냅니다. 그런데 만일 A가 장소라면 'A에 B가 있다'라는 뜻입니다.

① 「有 N」 ~이 있어요

我有手机。Wǒ yǒu shǒujī. 저는 핸드폰이 있어요.

我有汽车。Wǒ yǒu qìchē. 저는 차가 있어요.

② 「有很多 N」 ~이 아주 많아요

我有很多朋友。Wǒ yǒu hěn duō péngyou. 저는 친구가 아주 많아요.

我有很多书。Wǒ yǒu hěn duō shū. 저는 책이 아주 많아요.

③ 「很有 N」 아주 ~이 있어요

她很有能力。Tā hěn yǒu nénglì. 그녀는 아주 능력이 있어요.

他很有魅力。Tā hěn yǒu mèilì. 그는 아주 매력이 있어요.

④ 「没有 N」 ~이 없어요

我没有时间。Wǒ méiyǒu shíjiān. 저는 시간이 없어요.

我没有零钱。Wǒ méiyǒu língqián. 저는 잔돈이 없어요.

⑤ 「N1 里有 N2」 ~안에 ~이 있어요

家里有事。Jiā li yǒu shì. 집에 일이 있어요.

家里有人。Jiā li yǒu rén. 집에 사람이 있어요.

🎧 mp3 007

⑦ 去 / 来 ~에 가요/와요

:「A去/来B」는 '어디에 가다/오다', '어디에 무엇을 하러 가다/오다'라고 목적지와 가는 목적을 말할 때 사용합니다.

① 「去N」 ~에 가요

我去公司。Wǒ qù gōngsī. 저는 회사에 가요.

我去学校。Wǒ qù xuéxiào. 저는 학교에 가요.

② 「去V」 ~하러 가요

我去买东西。Wǒ qù mǎi dōngxi. 저는 물건을 사러 가요.

我去上班。Wǒ qù shàngbān. 저는 출근하러 가요.

③ 「去N+V」 ~에 ~하러 가요

我去教室上课。Wǒ qù jiàoshì shàngkè. 저는 교실에 수업하러 가요.

我去超市买东西。Wǒ qù chāoshì mǎi dōngxi. 저는 마트에 물건을 사러 가요.

④ 「来N+V」 ~에 ~하러 와요

我来这里运动。Wǒ lái zhèli yùndòng. 저는 여기에 운동하러 와요.

我来这里喝咖啡。Wǒ lái zhèli hē kāfēi. 저는 여기에 커피 마시러 와요.

⑤ 「我们一起去V吧」 우리 같이 ~하러 가요

我们一起去吃饭吧。Wǒmen yìqǐ qù chīfàn ba. 우리 같이 밥 먹으러 가요.

我们一起去运动吧。Wǒmen yìqǐ qù yùndòng ba. 우리 같이 운동하러 가요.

🎧 mp3 008

⑧ 喜欢 ~을 좋아해요

: 「A喜欢B(A는 B를 좋아하다)」의 형식으로 취향 등을 말할 때 쓸 수 있는 동사입니다. B에 명사와 동사를 사용할 수 있고, 앞에 '아주/매우'라는 뜻의 很을 사용할 수 있습니다.

① 「喜欢N」 ~을 좋아해요

我喜欢小狗。 Wǒ xǐhuan xiǎogǒu. 저는 강아지를 좋아해요.

我喜欢白色。 Wǒ xǐhuan báisè. 저는 흰색을 좋아해요.

② 「喜欢V」 ~하는 것을 좋아해요

我喜欢散步。 Wǒ xǐhuan sànbù. 저는 산책하는 것을 좋아해요.

我喜欢购物。 Wǒ xǐhuan gòuwù. 저는 쇼핑하는 것을 좋아해요.

③ 「很喜欢V」 ~하는 것을 아주 좋아해요

我很喜欢去旅游。 Wǒ hěn xǐhuan qù lǚyóu. 저는 여행하러 가는 것을 아주 좋아해요.

我很喜欢去爬山。 Wǒ hěn xǐhuan qù páshān. 저는 등산하러 가는 것을 아주 좋아해요.

④ 「非常喜欢V」 ~하는 것을 엄청 좋아해요

我非常喜欢吃火锅。 Wǒ fēicháng xǐhuan chī huǒguō. 저는 훠궈 먹는 것을 엄청 좋아해요.

我非常喜欢看电影。 Wǒ fēicháng xǐhuan kàn diànyǐng. 저는 영화 보는 것을 엄청 좋아해요.

⑤ 「不喜欢N」 ~을 안 좋아해요

我不喜欢猫。 Wǒ bù xǐhuan māo. 저는 고양이를 안 좋아해요.

我不喜欢老鼠。 Wǒ bù xǐhuan lǎoshǔ. 저는 쥐를 안 좋아해요.

🎧 mp3 009

9 要 ~을 원해요

: 「A要B」는 몇 가지 뜻이 있는데, B가 명사일 때는 'A는 B를 원해요', B가 동사일 때는 'A는 B를 하려고 해요', 'A는 B를 해야 해요'로 사용합니다.

① 「要N」 ~을 원해요

我要这个。Wǒ yào zhège. 저는 이것을 원해요.

我要美式咖啡。Wǒ yào měishì kāfēi. 저는 아메리카노를 원해요.

② 「要V」 ~을 하려고 해요

我要点菜。Wǒ yào diǎncài. 저 주문할게요.

我要买一件裤子。Wǒ yào mǎi yí jiàn kùzi. 저는 바지 한 벌을 사려고 해요.

③ 「你要V」 ~을 해야 해요

你要认真学习。Nǐ yào rènzhēn xuéxí. (당신은) 열심히 공부해야 해요.

你要注意感冒。Nǐ yào zhùyì gǎnmào. (당신은) 감기에 주의해야 해요.

④ 「不要V」 ~을 하지 마세요

不要抽烟。Búyào chōuyān. 담배 피우지 마세요.

不要扔垃圾。Búyào rēng lājī. 쓰레기를 버리지 마세요.

⑤ 「快要V了」 곧 ~할 거예요

快要吃饭了。Kuài yào chīfàn le. 곧 밥 먹을 거예요.

快要结束了。Kuài yào jiéshù le. 곧 끝날 거예요.

⑩ 想 ~하고 싶어요

:「A想B」는 B가 명사일 때는 'A는 B가 보고 싶어요', B가 동사일 때는 'A는 B를 하고 싶어요'라는 뜻입니다.

① 「想N」 ~가 보고 싶어요

我想你。 Wǒ xiǎng nǐ. 저는 당신이 보고 싶어요.

我想家人。 Wǒ xiǎng jiārén. 저는 가족이 그리워요.

② 「想V」 ~을 하고 싶어요

我想休息。 Wǒ xiǎng xiūxi. 저는 쉬고 싶어요.

我想睡觉。 Wǒ xiǎng shuìjiào. 저는 잠을 자고 싶어요.

③ 「想当N」 ~이 되고 싶어요

我想当医生。 Wǒ xiǎng dāng yīshēng. 저는 의사가 되고 싶어요.

我想当歌手。 Wǒ xiǎng dāng gēshǒu. 저는 가수가 되고 싶어요.

④ 「很想V」 너무 ~을 하고 싶어요

我很想谈恋爱。 Wǒ hěn xiǎng tán liàn'ài. 저는 너무 연애하고 싶어요.

我很想去海边玩儿。 Wǒ hěn xiǎng qù hǎibian wánr. 저는 너무 바닷가에 가서 놀고 싶어요.

⑤ 「不想V」 ~을 하기 싫어요

我不想每天加班。 Wǒ bù xiǎng měitiān jiābān. 저는 매일 야근하고 싶지 않아요.

我不想吃蔬菜。 Wǒ bù xiǎng chī shūcài. 저는 야채를 먹고 싶지 않아요.

🎧 mp3 011

⑪ 会 ~할 줄 알아요

: 「A会B(A는 B를 할 줄 알다)」의 형식은 어떤 것을 배워서 할 줄 안다는 뜻으로 뒤에 동사를 함께 사용합니다. 또한 미래에 일어날 일의 가능성을 말할 때도 사용합니다.

① 「会V」 ~을 할 줄 알아요

我会开车。 Wǒ huì kāichē. 저는 운전할 줄 알아요.

我会游泳。 Wǒ huì yóuyǒng. 저는 수영할 줄 알아요.

② 「会说N」 ~을 말할 줄 알아요

我会说日语。 Wǒ huì shuō rìyǔ. 저는 일본어를 할 줄 알아요.

我会说英语。 Wǒ huì shuō yīngyǔ. 저는 영어를 할 줄 알아요.

③ 「不会V」 ~을 할 줄 몰라요

我不会喝酒。 Wǒ búhuì hējiǔ. 저는 술을 마실 줄 몰라요.

我不会说汉语。 Wǒ búhuì shuō hànyǔ. 저는 중국어를 할 줄 몰라요.

④ 「很会V」 ~을 잘해요

他很会说话。 Tā hěn huì shuōhuà. 그는 말을 아주 잘해요.

他很会唱歌。 Tā hěn huì chànggē. 그는 노래를 아주 잘해요.

⑤ 「一定会V的」 반드시 ~할 거예요

他一定会来的。 Tā yídìng huì lái de. 그는 반드시 올 거예요.

他一定会成功的。 Tā yídìng huì chénggōng de. 그는 반드시 성공할 거예요.

能 ~할 수 있어요

: 「A能B(A는 B를 할 수 있다)」의 형식으로 무엇을 할 수 있다는 능력을 나타내고, 『A不能B(A는 B를 할 수 없다, A는 B를 하면 안돼요)』라고 사용하기도 합니다.

① 「能V」 ~할 수 있어요

我能看中文书。Wǒ néng kàn zhōngwén shū. 저는 중국어책을 볼 수 있어요.

我能帮助她。Wǒ néng bāngzhù tā. 제가 그녀를 도울 수 있어요.

② 「不能V」 ~할 수가 없어요

我现在不能跑。Wǒ xiànzài bù néng pǎo. 저는 지금 뛸 수가 없어요.

我现在不能走路。Wǒ xiànzài bù néng zǒulù. 저는 지금 걸을 수가 없어요.

③ 「不能V」 ~하면 안 돼요

我不能吃花生。Wǒ bù néng chī huāshēng. 저는 땅콩을 먹으면 안 돼요.

我不能迟到。Wǒ bù néng chídào. 저 지각하면 안 돼요.

④ 「能V」 ~을 거예요

他今天肯定能来。Tā jīntiān kěndìng néng lái. 그는 오늘 틀림없이 올 수 있을 거예요.

他今天肯定能参加。Tā jīntiān kěndìng néng cānjiā. 그는 오늘 틀림없이 참가할 수 있을 거예요.

⑤ 「不能不V」 ~하지 않을 수 없어요

我不能不说谎。Wǒ bù néng bù shuōhuǎng. 저는 거짓말하지 않을 수 없어요.

我不能不帮助他。Wǒ bù néng bù bāngzhù tā. 저는 그를 돕지 않을 수 없어요.

🎧 mp3 013

⑬ 请 ~하세요

:「请A(A하세요)」의 형식으로 정중하게 요청하거나 부탁할 때 사용합니다.

① 「请V」 ~하세요

请进。Qǐng jìn. 들어오세요.

请说。Qǐng shuō. 말씀하세요.

② 「请V一下」 좀 ~해 주세요

请等一下。Qǐng děng yíxià. 좀 기다려 주세요.

请让一下。Qǐng ràng yíxià. 좀 비켜 주세요.

③ 「请再V」 다시 ~해 주세요

请再说一遍。Qǐng zài shuō yí biàn. 다시 한 번 말씀해 주세요.

请再等一会儿。Qǐng zài děng yí huìr. 잠시 더 기다려 주세요.

④ 「请多多V」 잘 ~하세요

请多多指教。Qǐng duō duō zhǐjiào. 많이 가르쳐 주세요.

请多多关照。Qǐng duō duō guānzhào. 잘 부탁드립니다.

⑤ 「请大家V」 여러분 ~해 주세요

请大家注意。Qǐng dàjiā zhùyì. 모두 주의해 주시길 바랍니다.

请大家安静。Qǐng dàjiā ānjìng. 모두 조용히 해 주시길 바랍니다.

CHAPTER 01

질문하기 Ⅰ
- 어기조사 吗, 의문대명사

Day 01	你是韩国人吗?
Day 02	你有现金吗?
Day 03	你吃不吃香菜?
Day 04	你要买几个苹果?
Day 05	一共多少钱?
Day 06	这个字怎么念?
Day 07	这颜色怎么样?
Day 08	那个人是谁?
Day 09	你去哪儿?
Day 10	你要吃什么?
Day 11	她为什么不说话?
Day 12	你什么时候有时间?

DAY 001 ___월 ___일

(당신은) 한국 사람이세요?

你是韩国人吗?

Nǐ shì Hánguórén ma?

설명 「是~吗?」=「~이에요?」

我是韩国人。 저는 한국 사람이에요.

你是韩国人吗? (당신은) 한국 사람이세요?

질문할 때 문장 끝에 吗를 붙입니다. 「A是B(A는 B이다)」를 질문형식으로 바꾸면 「A是B吗?(A는 B예요?)」가 됩니다.

읽으면서 써 보기 (쓰고 √ 표시)   mp3 014

☐ 你是韩国人吗?
☐
☐
☐

응용해서 써 보기   mp3 015

① (당신은) 채식주의자세요? (채식주의자 = 素食主义者 sùshízhǔyìzhě)

  →

② (당신이) 이곳의 책임자세요? (책임자 = 负责人 fùzérén)

  →

정답
① 你是素食主义者吗? Nǐ shì sùshízhǔyìzhě ma?
② 你是这里的负责人吗? Nǐ shì zhèli de fùzérén ma?

DAY 002 ___월 ___일

> (당신은) 현금 있으세요?
>
> # 你有现金吗?
>
> Nǐ yǒu xiànjīn ma?

설명 「有~吗?」=「~이 있어요?」

我有现金。 저 현금 있어요.

你有现金吗? (당신은) 현금 있으세요?

「A有B(A는 B가 있다)」를 질문형식으로 바꾸면 「A有B吗?(A는 B가 있어요?)」가 됩니다. 여기에서 A는 사람이나 장소가 될 수 있습니다.

읽으면서 써 보기 (쓰고 √ 표시)   mp3 016

☐ 你有现金吗?

☐

☐

☐

응용해서 써 보기   mp3 017

① (당신) 알레르기 있어요? (알레르기 = 过敏 guòmǐn)

→

② 이 근처에 지하철역이 있어요? (지하철역 = 地铁站 dìtiězhàn)

→

정답
① 你有过敏吗? Nǐ yǒu guòmǐn ma?
② 这附近有地铁站吗? Zhè fùjìn yǒu dìtiězhàn ma?

DAY 003 ___월 ___일

> (당신은) 고수(샹차이) 드세요?
>
> # 你吃不吃香菜?
>
> Nǐ chī bu chī xiāngcài?

설명 「동사＋不＋동사?」 = 「~해요? (=~해요 안 해요?)」
  你吃香菜吗? (당신은) 고수(샹차이) 드세요?
  你吃不吃香菜? (당신은) 고수(샹차이) 드세요? (=드세요 안 드세요?)
동사의 긍정형과 부정형을 연결해서 질문할 수도 있습니다. 평소에는 「동사+吗?(~해요?)」를 사용하고, 확인하면서 물어볼 때 보통 「동사+不+동사?(~해요?)」를 사용합니다.

읽으면서 써 보기   (쓰고 √ 표시)   🎧 mp3 018

☐ 你吃不吃香菜?
☐
☐
☐

응용해서 써 보기   🎧 mp3 019

① 너 도대체 가 안 가? (도대체 = 到底 dàodǐ)
  →

② (당신은) 바이지우 드세요? (바이지우 = 白酒 báijiǔ)
  →

정답
① 你到底去不去? Nǐ dàodǐ qù bu qù?
② 你喝不喝白酒? Nǐ hē bu hē báijiǔ?

DAY 004 ___월 ___일

> (당신은) 사과 몇 개 살 거예요?
>
> # 你要买几个苹果?
>
> Nǐ yào mǎi jǐ ge píngguǒ?

설명 「几」=「몇」

我要买三个苹果。 저는 사과 세 개 살 거예요.
你要买几个苹果? (당신은) 사과 몇 개 살 거예요?

수(1~10까지의 작은 수)를 물어볼 때 几(몇)를 사용합니다. 평서문의 숫자 자리에 几를 사용하면 질문으로 바뀝니다.

읽으면서 써 보기 (쓰고 √ 표시) 🎧 mp3 020

☐ 你要买几个苹果?
☐
☐
☐

응용해서 써 보기 🎧 mp3 021

① (당신은) 티셔츠 몇 벌 살 거예요? (티셔츠 = T恤衫 T xùshān)
  →

② (당신은) 형제자매가 몇 명 있으세요? (형제자매 = 兄弟姐妹 xiōngdìjiěmèi)
  →

정답
① 你要买几件T恤衫? Nǐ yào mǎi jǐ jiàn T xùshān?
② 你有几个兄弟姐妹? Nǐ yǒu jǐ ge xiōngdìjiěmèi?

DAY 005 ___월 ___일

> 전부 얼마예요?
>
> # 一共多少钱?
> Yígòng duōshao qián?

설명 「多少」=「얼마」

一共十块钱。전부 10위안이에요.

一共多少钱? 전부 얼마예요?

수(10 이상의 큰 수)를 물어볼 때 多少(얼마, 몇)를 사용합니다. 숫자 자리에 多少를 사용하고 '~개', '~명' 등의 양사는 자주 생략합니다. (多少个人 → 多少人)

읽으면서 써 보기 (쓰고 √표시) mp3 022

☐ 一共多少钱?
☐
☐
☐

응용해서 써 보기 mp3 023

① 당신의 회사에는 몇 사람이 있어요? (회사 = 公司 gōngsī)

→

② (당신은) 얼마나 필요하세요? (필요하다 = 需要 xūyào)

→

정답

① 你们公司有多少人? Nǐmen gōngsī yǒu duōshao rén?
② 您需要多少? Nín xūyào duōshao?

DAY 006 ___월 ___일

> 이 글자 어떻게 읽어요?
>
> # 这个字怎么念?
>
> Zhège zì zěnme niàn?

설명 「怎么」=「어떻게」

这个字这样念。 이 글자는 이렇게 읽어요.

这个字怎么念? 이 글자 어떻게 읽어요?

'어떻게'라는 방법, 방식을 물어볼 때 怎么를 사용합니다. 보통 동사 앞에서 「怎么+동사」의 형식으로 사용합니다.

읽으면서 써 보기 (쓰고 √표시) 🎧 mp3 024

☐ 这个字怎么念?
☐
☐
☐

응용해서 써 보기 🎧 mp3 025

① 이 상자 어떻게 열어요? (상자 = 箱子 xiāngzi, 열다 = 打开 dǎkāi)
 →

② 지하철역까지 어떻게 가요? (지하철역까지 = 到地铁站 dào dìtiězhàn)
 →

정답

① 这个箱子怎么打开? Zhège xiāngzi zěnme dǎkāi?
② 到地铁站怎么走? Dào dìtiězhàn zěnme zǒu?

DAY 007 ___월 ___일

> 이 색깔 어때요?
> # 这颜色怎么样?
> Zhè yánsè zěnmeyàng?

설명 「怎么样」=「어때요?」
这颜色很漂亮。 이 색깔 예뻐요.
这颜色怎么样? 이 색깔 어때요?

'(무엇이) 어떠하냐?'라고 의견을 물어볼 때 怎么样을 사용합니다. 보통 궁금한 대상을 앞에 써서 「주어+怎么样」의 형식으로 사용합니다.

읽으면서 써 보기 (쓰고 √표시)   🎧 mp3 026

☐ 这颜色怎么样?
☐
☐
☐

응용해서 써 보기   🎧 mp3 027

① 요즘 건강 어떠세요? (건강, 몸 = 身体 shēntǐ)
→

② 이 음식의 맛이 어떠세요? (이 음식의 맛 = 这道菜味道 zhè dào cài wèidao)
→

정답
① 最近身体怎么样? Zuìjìn shēntǐ zěnmeyàng?
② 这道菜味道怎么样? Zhè dào cài wèidao zěnmeyàng?

DAY 008 ___월 ___일

> 저 사람은 누구예요?
>
> # 那个人是谁?
>
> Nàge rén shì shéi?

설명 「谁」=「누가, 누구」

那个人是我朋友。 저 사람은 제 친구예요.

那个人是谁? 저 사람은 누구예요?

'누가, 누구'라는 뜻으로 사람을 물어볼 때 谁를 사용합니다. 주어로 谁是你妹妹?(누가 (당신의) 여동생이에요?), 목적어로 她是谁?(그녀는 누구예요?), 관형어로 这是谁的书?(이거 누구의 책이에요?)라고 사용할 수 있습니다.

읽으면서 써 보기   (쓰고 √표시)   🎧 mp3 028

☐ 那个人是谁?
☐
☐
☐

응용해서 써 보기   🎧 mp3 029

① (당신은) 누구 찾으세요? (찾다 = 找 zhǎo)
  →

② 누가 중국어를 할 줄 알아요? (중국어를 하다 = 说汉语 shuō hànyǔ)
  →

정답

① 您找谁? Nín zhǎo shéi?
② 谁会说汉语? Shéi huì shuō hànyǔ?

DAY 009 ___월 ___일

> **(당신은) 어디 가세요?**
>
> # 你去哪儿?
>
> Nǐ qù nǎr?

설명 「哪儿」=「어디」

我去超市。 저는 마트에 가요.
你去哪儿? (당신은) 어디 가세요?

'어디'라는 뜻으로 장소나 지역을 물어볼 때 哪儿를 사용합니다. 去哪儿은 '어디에 가요?', 在哪儿은 '어디에 있어요?'라는 뜻이고, 「在哪儿+동사」의 형식은 '어디에서 무엇을 하다'라는 뜻입니다.

읽으면서 써 보기 (쓰고 √표시) 🎧 mp3 030

☐ 你去哪儿?
☐
☐
☐

응용해서 써 보기 🎧 mp3 031

① 화장실이 어디예요? (화장실 = 洗手间 xǐshǒujiān)
  →

② 우리 어디에서 만나요? (만나다 = 见面 jiànmiàn)
  →

정답
① 洗手间在哪儿? Xǐshǒujiān zài nǎr?
② 我们在哪儿见面? Wǒmen zài nǎr jiànmiàn?

DAY 010 ___월 ___일

> (당신은) 뭐 먹을 거예요?
>
> # 你要吃什么?
>
> Nǐ yào chī shénme?

설명 「什么」=「무엇」

我要吃面包。 저는 빵 먹을 거예요.

你要吃什么? (당신은) 뭐 먹을 거예요?

'무엇'이라는 뜻으로 사물을 물어볼 때 什么를 사용합니다. 목적어의 자리에서 吃什么?(무엇을 먹어요?)라고 사용할 수 있고, 관형어의 자리에서 '무슨'이라는 뜻으로 什么意思?(무슨 뜻?)라고 사용할 수도 있습니다.

읽으면서 써 보기 (쓰고 √표시)   🎧 mp3 032

☐ 你要吃什么?

☐

☐

☐

응용해서 써 보기   🎧 mp3 033

① (당신) 지금 뭐 하세요? (무엇을 하다 = 干什么 gàn shénme)

→

② (당신은) 마트에 가서 뭐 사세요? (마트 = 超市 chāoshì)

→

정답

① 你现在干什么? Nǐ xiànzài gàn shénme?
② 你去超市买什么? Nǐ qù chāoshì mǎi shénme?

DAY 011 ___월 ___일

> 그녀가 왜 말을 안 해요?
>
> # 她为什么不说话？
>
> Tā wèishénme bù shuōhuà?

설명 「为什么」=「왜」

她不说话。그녀가 말을 안 해요.

她为什么不说话? 그녀가 왜 말을 안 해요?

'왜'라는 뜻으로 이유를 물어볼 때 为什么를 사용합니다. 부사어의 자리에서 为什么不说话?(왜 말을 안 해요?)라고 사용할 수도 있고, 목적어의 자리에서 不知道为什么(이유를 모르겠어)라고 사용할 수도 있습니다.

읽으면서 써 보기 (쓰고 √표시)   mp3 034

☐ 她为什么不说话？

☐

☐

☐

응용해서 써 보기   mp3 035

① 그는 왜 화가 났어요? (화가 나다 = 生气 shēngqì)

→

② (당신은) 왜 매일 지각하세요? (지각하다 = 迟到 chídào)

→

정답

① 他为什么生气? Tā wèishénme shēngqì?
② 你为什么每天迟到? Nǐ wèishénme měitiān chídào?

DAY 012 ___월 ___일

> (당신은) 언제 시간이 있어요?
> **你什么时候有时间?**
> Nǐ shénme shíhou yǒu shíjiān?

설명 「什么时候」=「언제」

我明天有时间。 저는 내일 시간이 있어요.
你什么时候有时间? (당신은) 언제 시간이 있어요?

'언제'라고 시간과 때를 물어볼 때 什么时候를 사용합니다. 보통 동사 앞에서 「什么时候+동사」의 형식으로 사용합니다.

읽으면서 써 보기 (쓰고 √표시)   mp3 036

☐ 你什么时候有时间?
☐
☐
☐

응용해서 써 보기   mp3 037

① 우리 언제 도착해요? (도착하다 = 到达 dàodá)
  →

② 회의가 언제 끝나요? (회의 = 会议 huìyì, 끝나다 = 结束 jiéshù)
  →

정답
① 我们什么时候到达? Wǒmen shénme shíhou dàodá?
② 会议什么时候结束? Huìyì shénme shíhou jiéshù?

TEST

※ 배운 문장을 기억하여 중국어로 써 보세요.

01. (당신은) 한국 사람이세요?
 →

02. (당신이) 이곳의 책임자세요?
 →

03. (당신은) 현금 있으세요?
 →

04. 이 근처에 지하철역이 있어요?
 →

05. (당신은) 고수(샹차이) 드세요?
 →

06. (당신은) 바이지우 드세요?
 →

07. (당신은) 사과 몇 개 살 거예요?
 →

08. (당신은) 형제자매가 몇 명 있으세요?
 →

09. 전부 얼마예요?
 →

10. 당신의 회사에는 몇 사람이 있어요?
 →

11. 이 글자 어떻게 읽어요?
    →

12. 지하철역까지 어떻게 가요?
    →

13. 이 색깔 어때요?
    →

14. 요즘 건강 어떠세요?
    →

15. 저 사람은 누구예요?
    →

16. 누가 중국어를 할 줄 알아요?
    →

17. (당신은) 어디 가세요?
    →

18. (당신은) 뭐 먹을 거예요?
    →

19. 그녀가 왜 말을 안 해요?
    →

20. (당신은) 언제 시간이 있어요?
    →

TEST 정답

01. 你是韩国人吗? Nǐ shì Hánguórén ma?
02. 你是这里的负责人吗? Nǐ shì zhèli de fùzérén ma?
03. 你有现金吗? Nǐ yǒu xiànjīn ma?
04. 这附近有地铁站吗? Zhè fùjìn yǒu dìtiězhàn ma?
05. 你吃不吃香菜? Nǐ chī bu chī xiāngcài?
06. 你喝不喝白酒? Nǐ hē bu hē báijiǔ?
07. 你要买几个苹果? Nǐ yào mǎi jǐ ge píngguǒ?
08. 你有几个兄弟姐妹? Nǐ yǒu jǐ ge xiōngdìjiěmèi?
09. 一共多少钱? Yígòng duōshao qián?
10. 你们公司有多少人? Nǐmen gōngsī yǒu duōshao rén?
11. 这个字怎么念? Zhège zì zěnme niàn?
12. 到地铁站怎么走? Dào dìtiězhàn zěnme zǒu?
13. 这颜色怎么样? Zhè yánsè zěnmeyàng?
14. 最近身体怎么样? Zuìjìn shēntǐ zěnmeyàng?
15. 那个人是谁? Nàge rén shì shéi?
16. 谁会说汉语? Shéi huì shuō hànyǔ?
17. 你去哪儿? Nǐ qù nǎr?
18. 你要吃什么? Nǐ yào chī shénme?
19. 她为什么不说话? Tā wèishénme bù shuōhuà?
20. 你什么时候有时间? Nǐ shénme shíhou yǒu shíjiān?

CHAPTER 02

동작의 완료, 경험, 지속 말하기
- 了, 过, 着

Day 013　我看了那部电影。

Day 014　我昨天没有喝酒。

Day 015　我下了班, 就回家。

Day 016　下雨了。

Day 017　我以前学过汉语。

Day 018　我没学过汉语。

Day 019　他穿着一件新衣服。

Day 020　我走着上楼梯。

DAY 013 ___월 ___일

> 저는 그 영화를 봤어요.
>
> # 我看了那部电影。
> Wǒ kànle nà bù diànyǐng.

설명　「동사+了」=「~을 했다(완료)」

我看电影。 저는 영화를 봐요.
我看了那部电影。 저는 그 영화를 봤어요.

'~을 했다'라고 이미 일어난 일을 말하고 싶을 때 동사 뒤에 了를 사용합니다. 동사 뒤에 了를 사용하면 목적어는 구체적으로 표현해야 합니다. (电影→那部电影)

읽으면서 써 보기　(쓰고 √표시)　　　　🎧 mp3 038

☐ 我看了那部电影。
☐
☐
☐

응용해서 써 보기　　　　🎧 mp3 039

① 저는 만 위안을 썼어요. (돈을 쓰다 = 花钱 huāqián)
→

② 그는 차 한 대를 샀어요. (차 한 대 = 一辆汽车 yí liàng qìchē)
→

정답
① 我花了一万块钱。Wǒ huāle yíwàn kuài qián.
② 他买了一辆汽车。Tā mǎile yí liàng qìchē.

DAY 014 ___월 ___일

> 저 어제 술 안 마셨어요.
> # 我昨天没有喝酒。
> Wǒ zuótiān méiyǒu hējiǔ.

설명 「没有+동사」=「~을 하지 않았다」

我昨天喝了一瓶白酒。 저 어제 바이지우 한 병 마셨어요.
我昨天没有喝酒。 저 어제 술 안 마셨어요.

'~을 하지 않았다'라고 말하고 싶을 때 동사 앞에 没有를 사용합니다. 즉, 「동사+了(~을 했다)」를 부정하려면 了를 빼고 동사 앞에 没(有)를 붙이면 됩니다.

읽으면서 써 보기 (쓰고 √표시)   mp3 040

☐ 我昨天没有喝酒。
☐
☐
☐

응용해서 써 보기   mp3 041

① 그는 저녁을 안 먹었어요. (저녁밥 = 晚饭 wǎnfàn)
  →

② 저는 어제 회사에 안 갔어요. (회사 = 公司 gōngsī)
  →

정답
① 他没有吃晚饭。 Tā méiyǒu chī wǎnfàn.
② 我昨天没有去公司。 Wǒ zuótiān méiyǒu qù gōngsī.

DAY 015 ___월 ___일

저 퇴근하고 바로 집에 갈 거예요.

我下了班，就回家。

Wǒ xià le bān, jiù huíjiā.

설명 「동사+了+목적어, 就+동사」=「~을 다 하고, 바로 ~을 하다」
下班 퇴근하다 → 下了班 퇴근했다 | 就 바로, 곧
我下了班，就回家。 저 퇴근하고 바로 집에 갈 거예요.

「동사+了」는 이미 일어난 일에 사용하지만, 가정의 뜻으로 '~을 다 하면'이라고 사용할 수도 있습니다.
뒤에 就가 함께 쓰여서 '~을 다 하고, 바로 ~을 하다'라는 뜻이 됩니다.

읽으면서 써 보기 (쓰고 √표시) mp3 042

☐ 我下了班，就回家。
☐
☐
☐

응용해서 써 보기 mp3 043

① 그는 밥 먹고 바로 갔어요. (가다 = 走 zǒu)

→

② 우리 수업 마치고 영화 보러 가자. (수업을 마치다 = 下课 xiàkè)

→

정답
① 他吃了饭，就走了。Tā chī le fàn, jiù zǒu le.
② 咱们下了课，就去看电影吧。Zánmen xià le kè, jiù qù kàn diànyǐng ba.

DAY 016 ___월 ___일

> 비가 오네요.
>
> # 下雨了。
>
> Xiàyǔ le.

설명 「문장+了」=「~하게 되었다(상황의 변화)」

下雨了。비가 오네요.(아까 안 왔는데 이제 내리기 시작함)

여기에서의 了는 상황이 변하거나 새로운 상황이 출현했음을 나타내고 항상 문장 맨 끝에 붙입니다. 이미 일어난 일을 나타내는 「동사+了」에서의 了와는 다릅니다.

읽으면서 써 보기 (쓰고 √ 표시)   mp3 044

☐ 下雨了。
☐
☐
☐

응용해서 써 보기   mp3 045

① 여동생이 아파요(병이 났어요). (병이 나다 = 病 bìng)
→

② 저 지금 영화표가 있어요(생겼어요). (영화표 = 电影票 diànyǐng piào)
→

정답
① 妹妹病了。Mèimei bìng le.
② 我现在有电影票了。Wǒ xiànzài yǒu diànyǐng piào le.

DAY 017 ___월 ___일

저는 예전에 중국어를 배운 적이 있어요.
我以前学过汉语。
Wǒ yǐqián xuéguo Hànyǔ.

설명 「동사+过」=「~한 적이 있다(경험)」

我以前学了汉语。 저는 예전에 중국어를 배웠어요.
我以前学过汉语。 저는 예전에 중국어를 배운 적이 있어요.

'~한 적이 있다'라고 경험을 말하고 싶을 때 동사 뒤에 过를 사용합니다.

읽으면서 써 보기 (쓰고 √ 표시) 🎧 mp3 046

☐ 我以前学过汉语。
☐
☐
☐

응용해서 써 보기 🎧 mp3 047

① 저는 많은 나라에 가 본 적이 있어요. (국가 = 国家 guójiā)

→

② 저는 이 책을 읽은 적이 있어요. (책을 읽다 = 看书 kànshū)

→

정답
① 我去过很多国家。 Wǒ qùguo hěn duō guójiā.
② 我看过这本书。 Wǒ kànguo zhè běn shū.

DAY 018 ___월 ___일

저는 중국어를 배운 적이 없어요.

我没学过汉语。

Wǒ méi xuéguo Hànyǔ.

설명 「没(有)+동사+过」=「~한 적이 없다」

我学过汉语。 저는 중국어를 배운 적이 있어요.
我没学过汉语。 저는 중국어를 배운 적이 없어요.

'~을 한 적이 없다'라고 말하고 싶을 때 「没(有)+동사+过」의 형식을 사용합니다. 즉 「동사+过(~한 적이 있다)」를 부정하려면 앞에 没(有)를 붙이면 됩니다.

읽으면서 써 보기 (쓰고 √ 표시)　　　　　　　　　🎧 mp3 048

☐ 我没学过汉语。
☐
☐
☐

응용해서 써 보기　　　　　　　　　🎧 mp3 049

① 저는 홍콩에 가 본 적이 없어요. (홍콩 = 香港 Xiānggǎng)
　→

② 저는 그 일을 들어 본 적이 없어요. (듣다, 들어 보다 = 听说 tīngshuō)
　→

정답
① 我没去过香港。Wǒ méi qùguo Xiānggǎng.
② 我没听说过那件事。Wǒ méi tīngshuōguo nà jiàn shì.

DAY 019 ___월 ___일

> 그는 새 옷을 입고 있어요.
> # 他穿着一件新衣服。
> Tā chuānzhe yí jiàn xīn yīfu.

설명 「동사+着」=「~하고 있다(지속)」

他穿了一件新衣服。 그는 새 옷을 입었어요.(입었다는 사실을 말함)
他穿着一件新衣服。 그는 새 옷을 입고 있어요.(입고 있는 상태가 지속됨)

'~하고 있다'라고 지속되는 동작이나 상태를 말하고 싶을 때 동사 뒤에 着를 사용합니다.

읽으면서 써 보기 (쓰고 √표시) 🎧 mp3 050

☐ 他穿着一件新衣服。
☐
☐
☐

응용해서 써 보기 🎧 mp3 051

① 그는 손에 열쇠 하나를 들고 있어요. (가지다 = 拿 ná, 열쇠 = 钥匙 yàoshi)
 →

② 아이들은 즐겁게 노래를 부르고 있어요. (즐겁게 = 高兴地 gāoxìng de)
 →

정답
① 他手里拿着一把钥匙。Tā shǒuli názhe yì bǎ yàoshi.
② 孩子们高兴地唱着歌。Háizimen gāoxìng de chàngzhe gē.

DAY 020 ___월 ___일

저는 걸어서 계단을 올라가요.

我走着上楼梯。

Wǒ zǒuzhe shàng lóutī.

설명 「동사+着+동사」=「어떻게 하면서(해서) ~하다」

我上楼梯。 저는 계단을 올라가요.
我走着上楼梯。 저는 걸어서 계단을 올라가요.

「동사+着」를 다른 동사 앞에 사용하면 '어떻게 하면서'라는 뜻이 됩니다. 说话(말하다) 앞에 笑着(웃고 있다)를 붙이면 笑着说话(웃으면서 말하다)가 됩니다.

읽으면서 써 보기 (쓰고 √표시) 🎧 mp3 052

☐ 我走着上楼梯。
☐
☐
☐

응용해서 써 보기 🎧 mp3 053

① 그는 누워서 책을 봐요. (눕다 = 躺 tǎng)
  →

② 그녀는 고개를 숙인 채 말을 안 해요. (고개를 숙이다 = 低头 dītóu)
  →

정답

① 他躺着看书。Tā tǎngzhe kànshū.
② 她低着头不说话。Tā dīzhe tóu bù shuōhuà.

TEST

※ 배운 문장을 기억하여 중국어로 써 보세요.

01. 저는 그 영화를 봤어요.
    →

02. 저는 만 위안을 썼어요.
    →

03. 그는 차 한 대를 샀어요.
    →

04. 저 어제 술 안 마셨어요.
    →

05. 그는 저녁을 안 먹었어요.
    →

06. 저는 어제 회사에 안 갔어요.
    →

07. 저 퇴근하고 바로 집에 갈 거예요.
    →

08. 우리 수업 마치고 영화 보러 가자.
    →

09. 비가 오네요.
    →

10. 여동생이 아파요(병이 났어요).
    →

11. 저는 예전에 중국어를 배운 적이 있어요.
    →

12. 저는 많은 나라에 가 본 적이 있어요.
    →

13. 저는 이 책을 읽은 적이 있어요.
    →

14. 저는 중국어를 배운 적이 없어요.
    →

15. 저는 그 일을 들어 본 적이 없어요.
    →

16. 그는 새 옷을 입고 있어요.
    →

17. 그는 손에 열쇠 하나를 들고 있어요.
    →

18. 아이들은 즐겁게 노래를 부르고 있어요.
    →

19. 저는 걸어서 계단을 올라가요.
    →

20. 그는 누워서 책을 봐요.
    →

TEST 정답

01. 我看了那部电影。 Wǒ kànle nà bù diànyǐng.
02. 我花了一万块钱。 Wǒ huāle yíwàn kuài qián.
03. 他买了一辆汽车。 Tā mǎile yí liàng qìchē.
04. 我昨天没有喝酒。 Wǒ zuótiān méiyǒu hējiǔ.
05. 他没有吃晚饭。 Tā méiyǒu chī wǎnfàn.
06. 我昨天没有去公司。 Wǒ zuótiān méiyǒu qù gōngsī.
07. 我下了班,就回家。 Wǒ xià le bān, jiù huíjiā.
08. 咱们下了课,就去看电影吧。 Zánmen xià le kè, jiù qù kàn diànyǐng ba.
09. 下雨了。 Xiàyǔ le.
10. 妹妹病了。 Mèimei bìng le.
11. 我以前学过汉语。 Wǒ yǐqián xuéguo Hànyǔ.
12. 我去过很多国家。 Wǒ qùguo hěn duō guójiā.
13. 我看过这本书。 Wǒ kànguo zhè běn shū.
14. 我没学过汉语。 Wǒ méi xuéguo Hànyǔ.
15. 我没听说过那件事。 Wǒ méi tīngshuōguo nà jiàn shì.
16. 他穿着一件新衣服。 Tā chuānzhe yí jiàn xīn yīfu.
17. 他手里拿着一把钥匙。 Tā shǒuli názhe yì bǎ yàoshi.
18. 孩子们高兴地唱着歌。 Háizimen gāoxìng de chàngzhe gē.
19. 我走着上楼梯。 Wǒ zǒuzhe shàng lóutī.
20. 他躺着看书。 Tā tǎngzhe kànshū.

CHAPTER 03

동사와 형용사를 꾸며서 말하기
- 부사

Day 021	我只会说英语。
Day 022	他还在办公室。
Day 023	他又迟到了。
Day 024	他就是专家。
Day 025	他明天才能到。
Day 026	韩国冬天经常下雪。
Day 027	我马上过来。
Day 028	我有点紧张。
Day 029	她已经结婚了。
Day 030	电影刚刚开始。
Day 031	我差点儿摔倒了。
Day 032	孩子正在睡觉呢。

DAY 021 ___월 ___일

저는 단지 영어만 할 줄 알아요.

我只会说英语。

Wǒ zhǐ huì shuō Yīngyǔ.

설명 「只」=「단지, 오직」

我会说英语。 저는 영어를 할 줄 알아요.
我只会说英语。 저는 단지 영어만 할 줄 알아요.

'단지, 오직'이라고 말할 때 只를 사용하는데 항상 동사 앞에서 사용합니다.

읽으면서 써 보기 (쓰고 √ 표시) 🎧 mp3 054

☐ 我只会说英语。
☐
☐
☐

응용해서 써 보기 🎧 mp3 055

① 저 지금 10위안밖에 없어요. (10위안 = 十块钱 shí kuài qián)
→

② 그녀는 하루에 한 끼만 먹어요. (한 끼 = 一顿饭 yí dùn fàn)
→

정답

① 我现在只有十块钱。Wǒ xiànzài zhǐ yǒu shí kuài qián.
② 她一天只吃一顿饭。Tā yì tiān zhǐ chī yí dùn fàn.

DAY 022 ___월 ___일

그는 아직 사무실에 있어요.

他还在办公室。

Tā hái zài bàngōngshì.

설명 「还」 = 「아직, 여전히」

他在办公室。 그는 사무실에 있어요.
他还在办公室。 그는 아직 사무실에 있어요.

'아직, 여전히'라고 상태가 변하지 않았음을 말할 때 还를 사용하는데 항상 동사, 형용사 앞에서 사용합니다.

읽으면서 써 보기 (쓰고 √표시)   mp3 056

☐ 他还在办公室。
☐
☐
☐

응용해서 써 보기   mp3 057

① 저는 아직 퇴근 못 했어요. (퇴근하다 = 下班 xiàbān)
→

② 너 여전히 그대로구나. (옛 모습 = 老样子 lǎoyàngzi)
→

정답
① 我还没有下班。Wǒ hái méiyǒu xiàbān.
② 你还是老样子。Nǐ háishi lǎoyàngzi.

DAY 023 ___월 ___일

> 그는 또 지각했어요.
>
> # 他又迟到了。
>
> Tā yòu chídào le.

설명 「又」=「또」

他迟到了。그는 지각했어요.
他又迟到了。그는 또 지각했어요.

'또'라고 어떤 일이 반복되었다는 의미를 말할 때 又를 사용하는데 항상 동사, 형용사 앞에서 사용합니다.

읽으면서 써 보기 (쓰고 √표시)　　　　　　　　　　　　mp3 058

☐ 他又迟到了。
☐
☐
☐

응용해서 써 보기　　　　　　　　　　　　　　　　　mp3 059

① (당신) 오늘 또 야근해요? (야근하다 = 加班 jiābān)
→

② 저는 이번에 또 불합격했어요. (불합격하다 = 不及格 bù jígé)
→

정답
① 你今天又加班吗? Nǐ jīntiān yòu jiābān ma?
② 我这次又不及格了。Wǒ zhècì yòu bù jígé le.

DAY 024 ___월 ___일

그가 바로 전문가예요.

他就是专家。

Tā jiùshì zhuānjiā.

설명 「就」=「바로, 틀림없이」

他是专家。 그는 전문가예요.
他就是专家。 그가 바로 전문가예요.

就는 사실이 바로 그렇다는 강조의 뜻으로도 사용되는데, 谁是专家?(누가 전문가예요?)라고 물으면 전문가를 가리키며 他就是专家라고 대답할 수 있습니다.

읽으면서 써 보기 (쓰고 √표시) mp3 060

☐ 他就是专家。
☐
☐
☐

응용해서 써 보기 mp3 061

① 저희 집은 바로 저기에 있어요. (저기, 저곳 = 那儿 nàr)
→

② 시간은 곧 금(돈)이에요. (돈 = 金钱 jīnqián)
→

정답
① 我家就在那儿。Wǒ jiā jiù zài nàr.
② 时间就是金钱。Shíjiān jiùshì jīnqián.

DAY 025 ___월 ___일

> 그는 내일이 되어서야 도착할 수 있어요.
>
> # 他明天才能到。
>
> Tā míngtiān cái néng dào.

설명 「才」=「그제서야, ~에서야」

他明天就能到。 그는 내일이면 바로 도착할 수 있어요.
他明天才能到。 그는 내일이 되어서야 도착할 수 있어요.(시간이 늦어짐)

'그제서야'라고 어떤 일이 늦어졌다는 의미를 말할 때 才를 사용합니다.

읽으면서 써 보기 (쓰고 √표시) mp3 062

☐ 他明天才能到。
☐
☐
☐

응용해서 써 보기 mp3 063

① 그는 12시가 되어서야 돌아왔어요. (돌아오다 = 回来 huílái)
  →

② (당신) 왜 이제야 옵니까? (왜, 어떻게 = 怎么 zěnme)
  →

정답
① 他十二点钟才回来了。Tā shí'èr diǎn zhōng cái huílái le.
② 你怎么现在才来? Nǐ zěnme xiànzài cái lái?

DAY 026 ___월 ___일

한국은 겨울에 자주 눈이 와요.

韩国冬天经常下雪。

Hánguó dōngtiān jīngcháng xiàxuě.

설명 「经常」=「자주, 항상」

韩国冬天下雪。 한국은 겨울에 눈이 와요.

韩国冬天经常下雪。 한국은 겨울에 자주 눈이 와요.

'자주, 항상'이라고 어떤 일이 빈번하다는 의미를 말할 때 经常을 사용합니다.

읽으면서 써 보기 (쓰고 √ 표시) 🎧 mp3 064

☐ 韩国冬天经常下雪。
☐
☐
☐

응용해서 써 보기 🎧 mp3 065

① 이 건물은 자주 정전돼요. (정전되다 = 停电 tíngdiàn)

  →

② 저는 자주 라면을 먹어요. (인스턴트 라면 = 方便面 fāngbiànmiàn)

  →

> 정답
> ① 这幢楼经常停电。Zhè zhuàng lóu jīngcháng tíngdiàn.
> ② 我经常吃方便面。Wǒ jīngcháng chī fāngbiànmiàn.

DAY 027 ___월 ___일

제가 곧 갈게요.

我马上过来。
Wǒ mǎshàng guòlái.

설명 「马上」=「곧, 즉시」

我马上过来。 제가 곧 (그리로) 갈게요.

'곧, 즉시'라고 어떤 일이 금방 일어난다는 의미를 말할 때 马上을 사용합니다. 보통 뒤에 就를 붙여서 자주 사용합니다. (他马上就来。= 그는 곧 와요.)

읽으면서 써 보기 (쓰고 √표시) mp3 066

☐ 我马上过来。
☐
☐
☐

응용해서 써 보기 mp3 067

① (제가) 지금 바로 송금할게요. (송금하다 = 汇款 huìkuǎn)
→

② 비행기가 곧 이륙할 거예요. (이륙하다 = 起飞 qǐfēi)
→

정답
① 我现在马上汇款。Wǒ xiànzài mǎshàng huìkuǎn.
② 飞机马上就要起飞了。Fēijī mǎshàng jiù yào qǐfēi le.

DAY 028 ___월___일

> 저는 좀 긴장돼요.
>
> # 我有点紧张。
>
> Wǒ yǒudiǎn jǐnzhāng.

설명 「有点(儿)+형용사」=「좀, 약간 ~하다」

我很紧张。 저는 긴장돼요.
我有点紧张。 저는 좀 긴장돼요.

'좀, 약간'이라고 말할 때 有点을 사용합니다. 형용사와 감정을 나타내는 동사 앞에서 사용할 수 있습니다.

읽으면서 써 보기 (쓰고 √ 표시) 🎧 mp3 068

☐ 我有点紧张。
☐
☐
☐

응용해서 써 보기 🎧 mp3 069

① 저는 요즘 좀 바빠요. (바쁘다 = 忙 máng)
→

② 맛이 조금 이상해요. (이상하다 = 奇怪 qíguài)
→

> **정답**
> ① 我最近有点儿忙。Wǒ zuìjìn yǒudiǎnr máng.
> ② 味道有点儿奇怪。Wèidao yǒudiǎnr qíguài.

DAY 029 ___월 ___일

그녀는 이미 결혼했어요.

她已经结婚了。

Tā yǐjīng jiéhūn le.

설명 「已经」=「이미, 벌써」

她结婚了。 그녀는 결혼했어요.
她已经结婚了。 그녀는 이미 결혼했어요.

'이미, 벌써'라고 말할 때 已经을 사용합니다. 이미 일어난 일을 말하기 때문에 了를 자주 같이 사용할 수 있습니다.

읽으면서 써 보기 (쓰고 √표시) 🎧 mp3 070

☐ 她已经结婚了。
☐
☐
☐

응용해서 써 보기 🎧 mp3 071

① 저는 이미 밥을 먹었어요. (밥을 먹다 = 吃饭 chīfàn)
→

② 막차가 이미 떠났어요. (막차 = 末班车 mòbānchē, 차가 떠나다 = 开走 kāizǒu)
→

정답
① 我已经吃过饭了。Wǒ yǐjīng chīguo fàn le.
② 末班车已经开走了。Mòbānchē yǐjīng kāizǒu le.

DAY 030 ___월 ___일

> **영화가 방금 시작했어요.**
> # 电影刚刚开始。
> Diànyǐng gānggāng kāishǐ.

설명 「刚刚」=「방금, 막」

电影什么时候开始? 영화는 언제 시작해요?
电影刚刚开始。 영화가 방금 시작했어요.

'방금, 막'이라고 가까운 시간 안에 일어난 일을 말할 때 刚刚을 사용합니다. 단음절로 刚만 쓸 수도 있습니다.

읽으면서 써 보기 (쓰고 √표시) 🎧 mp3 072

☐ 电影刚刚开始。
☐
☐
☐

응용해서 써 보기 🎧 mp3 073

① 저는 방금 일어났어요. (일어나다 = 起床 qǐchuáng)
  →

② 저희는 막 사귀기 시작했어요. (사귀다 = 交往 jiāowǎng)
  →

정답
① 我刚刚起床。Wǒ gānggāng qǐchuáng.
② 我们刚刚开始交往。Wǒmen gānggāng kāishǐ jiāowǎng.

DAY 031 ___월 ___일

저 하마터면 넘어질 뻔했어요.

我差点儿摔倒了。

Wǒ chàdiǎnr shuāidǎo le.

설명 「差(一)点儿+안 좋은 일」=「하마터면 ~을 뻔하다」

我摔倒了。 저 넘어졌어요.
我差点儿摔倒了。 저 하마터면 넘어질 뻔했어요(안 넘어졌어요).

'하마터면 ~을 뻔하다'라고 그런 일이 일어나지 않아서 다행이라고 말할 때 差点儿을 사용합니다.

읽으면서 써 보기 (쓰고 √ 표시) 🎧 mp3 074

☐ 我差点儿摔倒了。
☐
☐
☐

응용해서 써 보기 🎧 mp3 075

① 저 하마터면 차에 부딪힐 뻔했어요. (차에 충돌하다 = 撞车 zhuàngchē)
   →

② 식당에서 제가 핸드폰 챙기는 것을 깜박할 뻔했어요. (잊다 = 忘 wàng)
   →

정답
① 我差点儿撞车了。Wǒ chàdiǎnr zhuàngchē le.
② 在餐厅，我差点儿忘了带手机。Zài cāntīng, wǒ chàdiǎnr wàng le dài shǒujī.

DAY 032 ___월 ___일

> 아이가 잠을 자고 있어요.
> # 孩子正在睡觉呢。
> Háizi zhèngzài shuìjiào ne.

설명 「正在~(呢)」=「마침 ~하는 중이다(진행)」

孩子正在睡觉呢。 아이가 잠을 자고 있어요.

'마침 ~하는 중이다'라고 진행 중인 일을 말할 때 동사 앞에 正在를 사용합니다. 또한 문장 끝에 呢를 같이 쓸 수 있습니다. 간단하게 正在를 在로 쓸 수 있습니다.

읽으면서 써 보기 (쓰고 √ 표시) 🎧 mp3 076

☐ 孩子正在睡觉呢。
☐
☐
☐

응용해서 써 보기 🎧 mp3 077

① 저는 밥을 먹고 있어요. (밥을 먹다 = 吃饭 chīfàn)

→

② 그들은 시험을 보고 있어요. (시험을 보다 = 考试 kǎoshì)

→

정답
① 我正在吃饭呢。Wǒ zhèngzài chīfàn ne.
② 他们正在考试。Tāmen zhèngzài kǎoshì.

TEST

※ 배운 문장을 기억하여 중국어로 써 보세요.

01. 저는 단지 영어만 할 줄 알아요.
    →

02. 저 지금 10위안밖에 없어요.
    →

03. 그는 아직 사무실에 있어요.
    →

04. 저는 아직 퇴근 못 했어요.
    →

05. 그는 또 지각했어요.
    →

06. 그가 바로 전문가예요.
    →

07. 저희 집은 바로 저기에 있어요.
    →

08. 그는 내일이 되어서야 도착할 수 있어요.
    →

09. 한국은 겨울에 자주 눈이 와요.
    →

10. 저는 자주 라면을 먹어요.
    →

11. 제가 곧 갈게요.
    →

12. 비행기가 곧 이륙할 거예요.
    →

13. 저는 좀 긴장돼요.
    →

14. 저는 요즘 좀 바빠요.
    →

15. 그녀는 이미 결혼했어요.
    →

16. 저는 이미 밥을 먹었어요.
    →

17. 영화가 방금 시작했어요.
    →

18. 저희는 막 사귀기 시작했어요.
    →

19. 저 하마터면 넘어질 뻔했어요.
    →

20. 아이가 잠을 자고 있어요.
    →

TEST 정답

01. 我只会说英语。　Wǒ zhǐ huì shuō Yīngyǔ.
02. 我现在只有十块钱。　Wǒ xiànzài zhǐ yǒu shí kuài qián.
03. 他还在办公室。　Tā hái zài bàngōngshì.
04. 我还没有下班。　Wǒ hái méiyǒu xiàbān.
05. 他又迟到了。　Tā yòu chídào le.
06. 他就是专家。　Tā jiùshì zhuānjiā.
07. 我家就在那儿。　Wǒ jiā jiù zài nàr.
08. 他明天才能到。　Tā míngtiān cái néng dào.
09. 韩国冬天经常下雪。　Hánguó dōngtiān jīngcháng xiàxuě.
10. 我经常吃方便面。　Wǒ jīngcháng chī fāngbiànmiàn.
11. 我马上过来。　Wǒ mǎshàng guòlái.
12. 飞机马上就要起飞了。　Fēijī mǎshàng jiù yào qǐfēi le.
13. 我有点紧张。　Wǒ yǒudiǎn jǐnzhāng.
14. 我最近有点儿忙。　Wǒ zuìjìn yǒudiǎnr máng.
15. 她已经结婚了。　Tā yǐjīng jiéhūn le.
16. 我已经吃过饭了。　Wǒ yǐjīng chīguo fàn le.
17. 电影刚刚开始。　Diànyǐng gānggāng kāishǐ.
18. 我们刚刚开始交往。　Wǒmen gānggāng kāishǐ jiāowǎng.
19. 我差点儿摔倒了。　Wǒ chàdiǎnr shuāidǎo le.
20. 孩子正在睡觉呢。　Háizi zhèngzài shuìjiào ne.

CHAPTER 04

생각, 의견, 추측 말하기

Day 033　我觉得身体不舒服。

Day 034　我认为应该这样做。

Day 035　我以为她喜欢我。

Day 036　我希望你来看我。

Day 037　我打算去旅游。

Day 038　我知道他在说谎。

Day 039　我估计他四十岁。

Day 040　好像夏天来了。

DAY 033 ___월 ___일

> 저 몸이 안 좋은 거 같아요.
> # 我觉得身体不舒服。
> Wǒ juéde shēntǐ bù shūfu.

설명 「觉得~」=「~은 거 같다, ~라고 생각하다」
身体不舒服。 몸이 안 좋아요.
我觉得身体不舒服。 저 몸이 안 좋은 거 같아요.

'~은 거 같다, ~라고 생각하다'라고 개인의 주관적인 생각이나 느낌을 말할 때 동사 觉得를 사용합니다.

읽으면서 써 보기 (쓰고 √표시) mp3 078

☐ 我觉得身体不舒服。
☐
☐
☐

응용해서 써 보기 mp3 079

① 제 생각에 이건 좋은 생각이 아닌 거 같아요. (생각, 방법 = 主意 zhǔyi)
   →

② 제 생각엔 이 영화가 아주 재미있는 거 같아요. (재미있다 = 有意思 yǒu yìsi)
   →

정답
① 我觉得这不是个好主意。Wǒ juéde zhè búshì ge hǎo zhǔyi.
② 我觉得这部电影很有意思。Wǒ juéde zhè bù diànyǐng hěn yǒu yìsi.

DAY 034 ___월 ___일

저는 이렇게 해야 한다고 생각해요.

我认为应该这样做。

Wǒ rènwéi yīnggāi zhèyàng zuò.

설명 「认为~」=「~라고 여기다, 생각하다」

应该这样做。 이렇게 해야 해요.
我认为应该这样做。 저는 이렇게 해야 한다고 생각해요.

'~라고 여기다, 생각하다'라고 객관적인 견해나 판단을 말할 때 동사 认为를 사용합니다.

읽으면서 써 보기 (쓰고 √ 표시) 🎧 mp3 080

☐ 我认为应该这样做。
☐
☐
☐

응용해서 써 보기 🎧 mp3 081

① 나는 당신이 틀렸다고 생각해요. (틀리다 = 错 cuò)
→

② 저는 제가 운이 좋다고 생각해요. (운이 좋다 = 幸运 xìngyùn)
→

> 정답
> ① 我认为你错了。Wǒ rènwéi nǐ cuò le.
> ② 我认为自己是幸运的。Wǒ rènwéi zìjǐ shì xìngyùn de.

DAY 035 ___월 ___일

저는 그녀가 저를 좋아하는 줄 알았어요.

我以为她喜欢我。

Wǒ yǐwéi tā xǐhuan wǒ.

설명 「以为~」=「~인 줄 알다」

她喜欢我。 그녀가 저를 좋아해요.
我以为她喜欢我。 저는 그녀가 저를 좋아하는 줄 알았어요. (실은 그렇지 않음)

'~인 줄 알다'라고 주관적인 생각이 사실과 다름을 말할 때 동사 以为를 사용합니다.

읽으면서 써 보기 (쓰고 √표시)   mp3 082

☐ 我以为她喜欢我。
☐
☐
☐

응용해서 써 보기   mp3 083

① 저는 오늘 비가 올 줄 알았어요. (비가 오다 = 下雨 xiàyǔ)
   →

② 저는 그게 단지 루머인 줄 알았어요. (루머 = 谣传 yáochuán)
   →

정답
① 我以为今天会下雨。 Wǒ yǐwéi jīntiān huì xiàyǔ.
② 我以为那只是谣传。 Wǒ yǐwéi nà zhǐshì yáochuán.

DAY 036 ___월 ___일

(저는) 당신이 저를 보러 왔으면 좋겠어요.

我希望你来看我。

Wǒ xīwàng nǐ lái kàn wǒ.

설명 「希望~」=「~하기를 희망하다, ~으면 좋겠다」

你来看我。 당신이 저를 보러 와요.
我希望你来看我。 (저는) 당신이 저를 보러 왔으면 좋겠어요.

'~하기를 희망하다, ~으면 좋겠다'라고 어떤 상황이 일어나길 원할 때 동사 希望을 사용합니다.

읽으면서 써 보기   (쓰고 √ 표시)   🎧 mp3 084

☐ 我希望你来看我。
☐
☐
☐

응용해서 써 보기   🎧 mp3 085

① (저는) 빨리 방학했으면 좋겠어요. (방학하다 = 放假 fàngjià)
   →

② (저는) 당신이 제 부탁을 들어줬으면 좋겠어요. (요구를 들어주다 = 答应要求 dāying yāoqiú)
   →

정답
① 我希望快点放假。Wǒ xīwàng kuài diǎn fàngjià.
② 我希望你答应我的要求。Wǒ xīwàng nǐ dāying wǒ de yāoqiú.

DAY 037 ___월 ___일

> 저 여행 갈 예정이에요.
> 我打算去旅游。
> Wǒ dǎsuàn qù lǚyóu.

설명 「打算~」=「~할 예정이다, ~할 계획이다」

我去旅游。 저 여행 가요.
我打算去旅游。 저 여행 갈 예정이에요.

'~할 예정이다, ~할 계획이다'라고 어떤 일을 하겠다는 계획을 말할 때 동사 打算을 사용합니다.

읽으면서 써 보기 (쓰고 √ 표시) mp3 086

☐ 我打算去旅游。
☐
☐
☐

응용해서 써 보기 mp3 087

① 저는 내일 돌아올 예정이에요. (돌아오다 = 回来 huílái)
  →

② 저는 매일 운동할 계획이에요. (운동하다 = 锻炼身体 duànliàn shēntǐ)
  →

정답
① 我打算明天回来。Wǒ dǎsuàn míngtiān huílái.
② 我打算每天锻炼身体。Wǒ dǎsuàn měitiān duànliàn shēntǐ.

DAY 038 ___월 ___일

> 저는 그가 거짓말하고 있다는 걸 알아요.
>
> # 我知道他在说谎。
>
> Wǒ zhīdào tā zài shuōhuǎng.

설명 「知道~」=「~을 알다」

他在说谎。 그는 거짓말하고 있어요.
我知道他在说谎。 저는 그가 거짓말하고 있다는 걸 알아요.

'~을 알다'라고 알고 있는 것을 말할 때 동사 知道를 사용합니다.

읽으면서 써 보기 (쓰고 √ 표시)   🎧 mp3 088

☐ 我知道他在说谎。
☐
☐
☐

응용해서 써 보기   🎧 mp3 089

① 저는 거기에 어떻게 가는지 알아요. (어떻게 = 怎么 zěnme)

   →

② 저는 당신이 무슨 말 하고 싶은지 알아요. (~고 싶다 = 想 xiǎng)

   →

정답

① 我知道怎么去那儿。Wǒ zhīdào zěnme qù nàr.
② 我知道你想说什么。Wǒ zhīdào nǐ xiǎng shuō shénme.

DAY 039 ___월 ___일

저는 그가 마흔 살일 거라고 생각해요.
我估计他四十岁。
Wǒ gūjì tā sìshí suì.

설명 「估计~」=「~라고 생각하다, 짐작하다」
他四十岁。 그는 마흔 살이에요.
我估计他四十岁。 저는 그가 마흔 살일 거라고 생각해요.
'~라고 생각하다, 짐작하다'라고 추측하거나 짐작할 때 동사 估计를 사용합니다.

읽으면서 써 보기 (쓰고 √ 표시) 🎧 mp3 090

☐ 我估计他四十岁。
☐
☐
☐

응용해서 써 보기 🎧 mp3 091

① 저는 문제가 없을 거라고 생각해요. (문제가 있다 = 有问题 yǒu wèntí)
 →

② 저는 이 자전거가 만 위안일 거라고 생각해요. (가격이 ~이다 = 值 zhí)
 →

정답
① 我估计不会有问题。 Wǒ gūjì búhuì yǒu wèntí.
② 我估计这辆自行车值一万块钱。 Wǒ gūjì zhè liàng zìxíngchē zhí yíwàn kuài qián.

DAY 040 ___월 ___일

여름이 온 것 같아요.

好像夏天来了。

Hǎoxiàng xiàtiān lái le.

설명 「好像~」=「마치 ~인 것 같다」

夏天来了。 여름이 왔어요.
好像夏天来了。 여름이 온 것 같아요.

'마치 ~인 것 같다'라고 무엇과 비슷하다는 뜻으로 말할 때 동사 好像을 사용합니다.

읽으면서 써 보기 (쓰고 √ 표시)   🎧 mp3 092

☐ 好像夏天来了。
☐
☐
☐

응용해서 써 보기   🎧 mp3 093

① 저 감기 걸린 거 같아요. (감기에 걸리다 = 感冒 gǎnmào)
  →

② 저 좀 멀미하는 거 같아요. (멀미하다 = 晕车 yùnchē)
  →

정답
① 我好像感冒了。Wǒ hǎoxiàng gǎnmào le.
② 我好像有点儿晕车。Wǒ hǎoxiàng yǒudiǎnr yùnchē.

TEST

※ 배운 문장을 기억하여 중국어로 써 보세요.

01. 저 몸이 안 좋은 거 같아요.
    →

02. 제 생각에 이건 좋은 생각이 아닌 거 같아요.
    →

03. 제 생각엔 이 영화가 아주 재미있는 거 같아요.
    →

04. 저는 이렇게 해야 한다고 생각해요.
    →

05. 나는 당신이 틀렸다고 생각해요.
    →

06. 저는 제가 운이 좋다고 생각해요.
    →

07. 저는 그녀가 저를 좋아하는 줄 알았어요.
    →

08. (저는) 오늘 비가 올 줄 알았어요.
    →

09. (저는) 그게 단지 루머인 줄 알았어요.
    →

10. (저는) 당신이 저를 보러 왔으면 좋겠어요.
    →

11. (저는) 빨리 방학했으면 좋겠어요.
    →

12. (저는) 당신이 제 부탁을 들어줬으면 좋겠어요.
    →

13. 저 여행 갈 예정이에요.
    →

14. 저는 매일 운동할 계획이에요.
    →

15. 저는 그가 거짓말하고 있다는 걸 알아요.
    →

16. 저는 거기에 어떻게 가는지 알아요.
    →

17. 저는 그가 마흔 살일 거라고 생각해요.
    →

18. 저는 문제가 없을 거라고 생각해요.
    →

19. 여름이 온 것 같아요.
    →

20. 저 좀 멀미하는 거 같아요.
    →

TEST 점검

01. 我觉得身体不舒服。Wǒ juéde shēntǐ bù shūfu.
02. 我觉得这不是个好主意。Wǒ juéde zhè búshì ge hǎo zhǔyi.
03. 我觉得这部电影很有意思。Wǒ juéde zhè bù diànyǐng hěn yǒu yìsi.
04. 我认为应该这样做。Wǒ rènwéi yīnggāi zhèyàng zuò.
05. 我认为你错了。Wǒ rènwéi nǐ cuò le.
06. 我认为自己是幸运的。Wǒ rènwéi zìjǐ shì xìngyùn de.
07. 我以为她喜欢我。Wǒ yǐwéi tā xǐhuan wǒ.
08. 我以为今天会下雨。Wǒ yǐwéi jīntiān huì xiàyǔ.
09. 我以为那只是谣传。Wǒ yǐwéi nà zhǐshì yáochuán.
10. 我希望你来看我。Wǒ xīwàng nǐ lái kàn wǒ.
11. 我希望快点放假。Wǒ xīwàng kuài diǎn fàngjià.
12. 我希望你答应我的要求。Wǒ xīwàng nǐ dāying wǒ de yāoqiú.
13. 我打算去旅游。Wǒ dǎsuàn qù lǚyóu.
14. 我打算每天锻炼身体。Wǒ dǎsuàn měitiān duànliàn shēntǐ.
15. 我知道他在说谎。Wǒ zhīdào tā zài shuōhuǎng.
16. 我知道怎么去那儿。Wǒ zhīdào zěnme qù nàr.
17. 我估计他四十岁。Wǒ gūjì tā sìshí suì.
18. 我估计不会有问题。Wǒ gūjì búhuì yǒu wèntí.
19. 好像夏天来了。Hǎoxiàng xiàtiān lái le.
20. 我好像有点儿晕车。Wǒ hǎoxiàng yǒudiǎnr yùnchē.

CHAPTER 05

"~에게 ~을"이라고 말하기
- 목적어를 2개 가지는 동사

Day 041   我给了她一封信。

Day 042   哥哥送了我一本书。

Day 043   老师教我们汉语。

Day 044   我借了他两百块钱。

Day 045   我问你一件事。

Day 046   我告诉你一个秘密。

DAY 041 ___월 ___일

저는 그녀에게 편지를 줬어요.

我给了她一封信。

Wǒ gěile tā yì fēng xìn.

설명 「给+사람+사물」=「~에게 ~을 주다」

我给了一封信。 저는 편지를 줬어요.
我给了她一封信。 저는 그녀에게 편지를 줬어요.

'~에게 ~을 주다'라고 말할 때, 동사 给 뒤에 주는 대상과 사물을 말하면 됩니다.

읽으면서 써 보기 (쓰고 √표시) 🎧 mp3 094

☐ 我给了她一封信。
☐
☐
☐

응용해서 써 보기 🎧 mp3 095

① (제가) 당신에게 일주일의 시간을 줄게요. (일주일 = 一周 yì zhōu)
→

② 선생님께서 제게 많은 도움을 주셨어요. (도움 = 帮助 bāngzhù)
→

정답
① 我给你一周的时间。Wǒ gěi nǐ yì zhōu de shíjiān.
② 老师给了我很多帮助。Lǎoshī gěile wǒ hěn duō bāngzhù.

DAY 042 ___월 ___일

> 형이 제게 책 한 권을 줬어요.
>
> # 哥哥送了我一本书。
>
> Gēge sòngle wǒ yì běn shū.

설명 「送+사람+사물」=「~에게 ~을 주다(선물하다)」

哥哥送了一本书。 형이 책 한 권을 줬어요.

哥哥送了我一本书。 형이 제게 책 한 권을 줬어요.

'~에게 ~을 주다(선물하다)'라고 말할 때, 동사 送 뒤에 주는 대상과 사물을 말하면 됩니다.

읽으면서 써 보기   (쓰고 √표시)   🎧 mp3 096

☐ 哥哥送了我一本书。
☐
☐
☐

응용해서 써 보기   🎧 mp3 097

① 그는 친구에게 선물을 줬어요. (선물 = 礼物 lǐwù)

→

② 저는 그녀에게 축하 카드를 보냈어요. (축하 카드 = 贺卡 hèkǎ)

→

정답

① 他送了朋友一件礼物。Tā sòngle péngyou yí jiàn lǐwù.
② 我送了她一张贺卡。Wǒ sòngle tā yì zhāng hèkǎ.

DAY 043 ___월 ___일

> 선생님은 저희에게 중국어를 가르치세요.
> # 老师教我们汉语。
> Lǎoshī jiāo wǒmen Hànyǔ.

설명　「教+사람+가르치는 것」=「~에게 ~을 가르치다」
老师教汉语。 선생님은 중국어를 가르치세요.
老师教我们汉语。 선생님은 저희에게 중국어를 가르치세요.
'~에게 ~을 가르치다'라고 말할 때, 동사 教 뒤에 가르치는 대상과 가르치는 것을 말하면 됩니다.

읽으면서 써 보기　(쓰고 √표시)　🎧 mp3 098

☐ 老师教我们汉语。
☐
☐
☐

응용해서 써 보기　🎧 mp3 099

① 엄마가 제게 수영을 가르치세요. (수영하다 = 游泳 yóuyǒng)
　→

② 그가 제게 어떻게 운전하는지 가르쳐 줬어요. (운전하다 = 开车 kāichē)
　→

정답
① 妈妈教我游泳。Māma jiāo wǒ yóuyǒng.
② 他教了我怎么开车。Tā jiāo le wǒ zěnme kāichē.

DAY 044 ___월 ___일

저는 그에게 200위안을 빌렸어요.

我借了他两百块钱。

Wǒ jiè le tā liǎngbǎi kuài qián.

설명 「借+사람+사물」= 「~에게 ~을 빌리다」

我借了两百块钱。 저는 200위안을 빌렸어요.
我借了他两百块钱。 저는 그에게 200위안을 빌렸어요.

'~에게 ~을 빌리다'라고 말할 때, 동사 借 뒤에 빌리는 대상과 사물을 말하면 됩니다. 만일 '빌려주다'라고 말하고 싶으면 借给를 씁니다.(借给他钱 = 그에게 돈을 빌려주다)

읽으면서 써 보기 (쓰고 √표시)   🎧 mp3 100

☐ 我借了他两百块钱。
☐
☐
☐

응용해서 써 보기   🎧 mp3 101

① 저는 동료에게 우산 하나를 빌렸어요. (우산 = 雨伞 yǔsǎn)
   →

② 저는 반 친구한테 펜 하나를 빌렸어요. (펜 = 笔 bǐ)
   →

정답

① 我借了同事一把雨伞。Wǒ jièle tóngshì yì bǎ yǔsǎn.
② 我借了同学一支笔。Wǒ jièle tóngxué yì zhī bǐ.

DAY 045 ___월 ___일

> (제가) 당신에게 한 가지 물어볼게요.
>
> # 我问你一件事。
>
> Wǒ wèn nǐ yí jiàn shì.

설명 「问+사람+물어볼 일」=「~에게 ~을 묻다」

我问一件事。(제가) 한 가지 물어볼게요.

我问你一件事。(제가) 당신에게 한 가지 물어볼게요.

'~에게 ~을 묻다'라고 말할 때, 동사 问 뒤에 물어보는 대상과 물어볼 일을 말하면 됩니다.

읽으면서 써 보기 (쓰고 √표시) 🎧 mp3 102

☐ 我问你一件事。
☐
☐
☐

응용해서 써 보기 🎧 mp3 103

① 어린아이가 제게 이게 뭐냐고 물었어요. (어린아이 = 小孩子 xiǎoháizi)

→

② 저는 선생님께 몇 가지 물어보고 싶어요. (질문 = 问题 wèntí)

→

정답
① 小孩子问了我这是什么。Xiǎoháizi wènle wǒ zhè shì shénme.
② 我想问老师几个问题。Wǒ xiǎng wèn lǎoshī jǐ ge wèntí.

DAY 046 ___월 ___일

제가 당신에게 비밀 한 가지 알려 줄게요.

我告诉你一个秘密。

Wǒ gàosu nǐ yí ge mìmì.

설명 「告诉+사람+소식」=「~에게 ~을 알리다」

我告诉一个秘密 내가 비밀 한 가지를 알리다

我告诉你一个秘密。 제가 당신에게 비밀 한 가지 알려 줄게요.

'~에게 ~을 알리다'라고 말할 때, 동사 告诉 뒤에 알리는 대상과 소식을 말하면 됩니다.

읽으면서 써 보기 (쓰고 √표시)   🎧 mp3 104

☐ 我告诉你一个秘密。
☐
☐
☐

응용해서 써 보기   🎧 mp3 105

① 제게 사실을 알려 주세요. (사실 = 事实 shìshí)

→

② 제가 당신에게 좋은 소식을 알려 줄게요. (좋은 소식 = 好消息 hǎo xiāoxi)

→

정답
① 请告诉我事实。Qǐng gàosu wǒ shìshí.
② 我告诉你一个好消息。Wǒ gàosu nǐ yí ge hǎo xiāoxi.

TEST

※ 배운 문장을 기억하여 중국어로 써 보세요.

01. 저는 그녀에게 편지를 줬어요.
    →

02. (제가) 당신에게 일주일의 시간을 줄게요.
    →

03. 선생님께서 제게 많은 도움을 주셨어요.
    →

04. 형이 제게 책 한 권을 줬어요.
    →

05. 그는 친구에게 선물을 (하나) 줬어요.
    →

06. 저는 그녀에게 축하 카드를 보냈어요.
    →

07. 선생님은 저희에게 중국어를 가르치세요.
    →

08. 엄마가 제게 수영을 가르치세요.
    →

09. 엄마가 학생에게 수학을 가르치세요.(수학: 数学 shùxué)
    →

10. 그가 제게 어떻게 운전하는지 가르쳐 줬어요.
    →

11. 저는 그에게 200위안을 빌렸어요.
    →

12. 저는 동료에게 우산 하나를 빌렸어요.
    →

13. 저는 반 친구한테 펜 하나를 빌렸어요.
    →

14. (제가) 당신에게 한 가지 물어볼게요.
    →

15. 어린아이가 제게 이게 뭐냐고 물었어요.
    →

16. 저는 선생님께 몇 가지 물어보고 싶어요.
    →

17. 제가 당신에게 비밀 한 가지 알려 줄게요.
    →

18. 제게 사실을 알려 주세요.
    →

19. 제가 당신에게 좋은 소식을 알려 줄게요.
    →

20. 제가 여러분께 좋은 소식을 알려 드리겠습니다.
    →

TEST 정답

01. 我给了她一封信。 Wǒ gěile tā yì fēng xìn.
02. 我给你一周的时间。 Wǒ gěi nǐ yì zhōu de shíjiān.
03. 老师给了我很多帮助。 Lǎoshī gěile wǒ hěn duō bāngzhù.
04. 哥哥送了我一本书。 Gēge sòngle wǒ yì běn shū.
05. 他送了朋友一件礼物。 Tā sòngle péngyou yí jiàn lǐwù.
06. 我送了她一张贺卡。 Wǒ sòngle tā yì zhāng hèkǎ.
07. 老师教我们汉语。 Lǎoshī jiāo wǒmen Hànyǔ.
08. 妈妈教我游泳。 Māma jiāo wǒ yóuyǒng.
09. 妈妈教学生数学。 Māma jiāo xuésheng shùxué.
10. 他教了我怎么开车。 Tā jiāole wǒ zěnme kāichē.
11. 我借了他两百块钱。 Wǒ jièle tā liǎngbǎi kuài qián.
12. 我借了同事一把雨伞。 Wǒ jièle tóngshì yì bǎ yǔsǎn.
13. 我借了同学一支笔。 Wǒ jièle tóngxué yì zhī bǐ.
14. 我问你一件事。 Wǒ wèn nǐ yí jiàn shì.
15. 小孩子问了我这是什么。 Xiǎoháizi wènle wǒ zhè shì shénme.
16. 我想问老师几个问题。 Wǒ xiǎng wèn lǎoshī jǐ ge wèntí.
17. 我告诉你一个秘密。 Wǒ gàosu nǐ yí ge mìmì.
18. 请告诉我事实。 Qǐng gàosu wǒ shìshí.
19. 我告诉你一个好消息。 Wǒ gàosu nǐ yí ge hǎo xiāoxi.
20. 我告诉大家一个好消息。 Wǒ gàosu dàjiā yí ge hǎo xiāoxi.

CHAPTER 06

동사 2개를 사용해서 말하기
- 연동문, 겸어문

Day 047　　我坐地铁上班。

Day 048　　我每天用汉语写日记。

Day 049　　我们称他为铁公鸡。

Day 050　　我要请她吃饭。

Day 051　　妈妈让我打扫卫生。

Day 052　　老师叫我好好学习。

Day 053　　她的故事使我很感动。

Day 054　　我有事要做。

DAY 047 ___월 ___일

> 저는 지하철을 타고 출근해요.
> # 我坐地铁上班。
> Wǒ zuò dìtiě shàngbān.

설명 「坐+교통수단+동사」=「~을 타고 ~하다」

我上班。저는 출근해요.
我坐地铁上班。저는 지하철을 타고 출근해요.

'~을 타고'라고 말할 때 동사 앞에 「坐+교통수단」을 붙입니다.

읽으면서 써 보기 (쓰고 √표시) mp3 106

☐ 我坐地铁上班。
☐
☐
☐

응용해서 써 보기 mp3 107

① 저는 평소에 버스를 타고 학교에 가요. (버스 = 公交车 gōngjiāochē)

→

② 저는 비행기 타고 돌아올 거예요. (비행기 = 飞机 fēijī)

→

정답
① 我平时坐公交车去学校。Wǒ píngshí zuò gōngjiāochē qù xuéxiào.
② 我会坐飞机回来。Wǒ huì zuò fēijī huílái.

DAY 048 ___월 ___일

> 저는 매일 중국어로 일기를 써요.
> # 我每天用汉语写日记。
> Wǒ měitiān yòng Hànyǔ xiě rìjì.

설명 「用+도구+동사」=「~로(을 사용해서) ~하다」

我每天写日记。저는 매일 일기를 써요.
我每天用汉语写日记。저는 매일 중국어로 일기를 써요.

'~로(을 사용해서)'라고 말할 때 동사 앞에 「用+도구」를 붙입니다.

읽으면서 써 보기 (쓰고 √표시)　　　　　🎧 mp3 108

☐ 我每天用汉语写日记。
☐
☐
☐

응용해서 써 보기　　　　　🎧 mp3 109

① 그들은 평소에 영어로 이야기해요. (이야기하다 = 交谈 jiāotán)
　→

② 저는 젓가락으로 음식을 못 집어요. (젓가락 = 筷子 kuàizi, 음식을 집다 = 夹菜 jiācài)
　→

정답
① 他们平时用英语交谈。Tāmen píngshí yòng Yīngyǔ jiāotán.
② 我不会用筷子夹菜。Wǒ búhuì yòng kuàizi jiācài.

DAY 049 ___월 ___일

우리는 그를 구두쇠라고 불러요.

我们称他为铁公鸡。

Wǒmen chēng tā wéi tiěgōngjī.

설명 「称+대상+为+별명」=「~을 ~라고 부르다」

我们称他 우리가 그를 부르다 + 他为铁公鸡 그는 구두쇠다

我们称他为铁公鸡。우리는 그를 구두쇠라고 불러요.

'~을 ~라고 부르다'라고 말할 때 「称+대상+为+별명」의 형식을 사용합니다. 이것은 두 개의 문장이 겹쳐진 구조입니다.

읽으면서 써 보기 (쓰고 √ 표시) 🎧 mp3 110

☐ 我们称他为铁公鸡。
☐
☐
☐

응용해서 써 보기 🎧 mp3 111

① 우리는 모두 그를 영웅이라고 불러요. (영웅 = 英雄 yīngxióng)

→

② 그 아이는 그녀를 엄마라고 불러요. (아이 = 孩子 háizi)

→

정답

① 我们都称他为英雄。Wǒmen dōu chēng tā wéi yīngxióng.
② 那个孩子称她为妈妈。Nàge háizi chēng tā wéi māma.

DAY 050 ___월 ___일

> 저는 그녀를 식사 초대할 거예요.
>
> # 我要请她吃饭。
>
> Wǒ yào qǐng tā chīfàn.

설명 「请+대상+동사」=「~에게 ~하기를 청하다」

我要请她 나는 그녀를 초청할 것이다 + 她吃饭 그녀는 밥을 먹다

我要请她吃饭。 저는 그녀를 식사 초대할 거예요(밥을 사 줄 거예요).

'~에게 ~하기를 청하다'라고 말할 때 「请+대상+동사」의 형식을 사용합니다. 이것도 두 개의 문장이 겹쳐진 구조입니다.

읽으면서 써 보기 (쓰고 √ 표시)　　　　　mp3 112

☐ 我要请她吃饭。
☐
☐
☐

응용해서 써 보기　　　　　mp3 113

① 그는 어제 우리에게 밥을 사 줬어요. (밥을 먹다 = 吃饭 chīfàn)
　→

② 우리는 그에게 좌담회에 참가할 것을 요청했어요. (좌담회 = 座谈会 zuòtánhuì)
　→

정답

① 他昨天请我们吃饭。Tā zuótiān qǐng wǒmen chīfàn.
② 我们请他来参加座谈会。Wǒmen qǐng tā lái cānjiā zuòtánhuì.

DAY 051 ___월 ___일

엄마가 저에게 청소하래요.

妈妈让我打扫卫生。

Māma ràng wǒ dǎsǎo wèishēng.

설명 「让+대상+동사」=「~에게 ~하게 하다」

妈妈让我 엄마가 나에게 시키다 + 我打扫卫生 내가 청소하다
妈妈让我打扫卫生。엄마가 저에게 청소하래요.

'~에게 ~하게 하다'라고 말할 때 「让+대상+동사」의 형식을 사용합니다. 이것도 두 개의 문장이 겹쳐진 구조입니다.

읽으면서 써 보기 (쓰고 √표시) mp3 114

☐ 妈妈让我打扫卫生。
☐
☐
☐

응용해서 써 보기 mp3 115

① 의사가 저에게 이 약을 먹으래요. (약 = 药 yào)
→

② 저는 그를 실망시키고 싶지 않아요. (실망하다 = 失望 shīwàng)
→

정답
① 大夫让我吃这种药。Dàifu ràng wǒ chī zhè zhǒng yào.
② 我不想让他失望。Wǒ bùxiǎng ràng tā shīwàng.

DAY 052 ___월 ___일

> 선생님이 저에게 열심히 공부하래요.
> # 老师叫我好好学习。
> Lǎoshī jiào wǒ hǎo hāo xuéxí.

설명 「叫+대상+동사」=「~에게 ~하게 하다」

老师叫我 선생님이 나에게 시키다 + 我好好学习 내가 열심히 공부하다
老师叫我好好学习。 선생님이 저에게 열심히 공부하래요.

'~에게 ~하게 하다'라고 말할 때 「叫+대상+동사」의 형식을 사용합니다. 이것도 두 개의 문장이 겹쳐진 것이며, 叫와 让은 바꿔서 쓸 수 있습니다.

읽으면서 써 보기 (쓰고 √표시)   mp3 116

☐ 老师叫我好好学习。
☐
☐
☐

응용해서 써 보기   mp3 117

① 그가 저에게 방을 청소하래요. (방을 청소하다 = 打扫房间 dǎsǎo fángjiān)
→

② 그는 아들에게 뛰어다니지 말라고 했어요. (뛰어다니다 = 跑来跑去 pǎoláipǎoqù)
→

정답
① 他叫我打扫房间。Tā jiào wǒ dǎsǎo fángjiān.
② 他叫儿子不要跑来跑去。Tā jiào érzi búyào pǎoláipǎoqù.

DAY 053 ___월 ___일

> 그녀의 이야기가 저를 감동시켰어요.
> # 她的故事使我很感动。
> Tā de gùshi shǐ wǒ hěn gǎndòng.

설명 「使+대상+동사」=「~에게 ~하게 하다」
　　她的故事使我 그녀의 이야기가 나에게 시키다 + 我很感动 내가 감동하다
　　她的故事使我很感动。그녀의 이야기가 저를 감동시켰어요.
'~에게 ~하게 하다'라고 말할 때 「使+대상+동사」를 사용합니다. 이것도 두 개의 문장이 겹쳐진 것이며, 뒤의 동사는 주로 발전하다(进步), 느끼다(感到) 등을 사용합니다.

읽으면서 써 보기 (쓰고 √ 표시)　　🎧 mp3 118

☐　她的故事使我很感动。
☐
☐
☐

응용해서 써 보기　　🎧 mp3 119

① 겸손은 사람을 발전시킵니다. (겸손 = 谦虚 qiānxū, 발전시키다 = 进步 jìnbù)
→

② 그의 재능은 저를 감탄하게 해요. (재능 = 才干 cáigàn, 감탄하다 = 佩服 pèifú)
→

> **정답**
> ① 谦虚使人进步。Qiānxū shǐ rén jìnbù.
> ② 他的才干使我佩服。Tā de cáigàn shǐ wǒ pèifú.

DAY 054 ___월 ___일

> 저 해야 할 일이 있어요.
>
> # 我有事要做。
>
> Wǒ yǒu shì yào zuò.

설명 「有+명사+동사」=「~할 ~이 있다」

我有事 나는 일이 있다 + 要做的事 해야 할 일

我有事要做。 저 해야 할 일이 있어요.

'~할 ~이 있다'라고 말할 때 「有+명사+동사」를 사용합니다. 뒤의 동사(要做)는 명사(事)를 설명해 주는 말입니다.

읽으면서 써 보기   (쓰고 √ 표시)   🎧 mp3 120

☐ 我有事要做。
☐
☐
☐

응용해서 써 보기   🎧 mp3 121

① 옷장에 입을 옷이 없어요. (옷장 = 衣柜 yīguì)

  →

② 저는 점심 먹을 시간이 없어요. (점심을 먹다 = 吃午饭 chī wǔfàn)

  →

정답

① 衣柜里没有衣服穿。Yīguì li méiyǒu yīfu chuān.
② 我没有时间吃午饭。Wǒ méiyǒu shíjiān chī wǔfàn.

TEST

※ 배운 문장을 기억하여 중국어로 써 보세요.

01. 저는 지하철을 타고 출근해요.
    →

02. 저는 평소에 버스를 타고 학교에 가요.
    →

03. 저는 비행기 타고 돌아올 거예요.
    →

04. 저는 매일 중국어로 일기를 써요.
    →

05. 그들은 평소에 영어로 이야기해요.
    →

06. 저는 젓가락으로 음식을 못 집어요.
    →

07. 우리는 그를 구두쇠라고 불러요.
    →

08. 우리는 모두 그를 영웅이라고 불러요.
    →

09. 그 아이는 그녀를 엄마라고 불러요.
    →

10. 저는 그녀를 식사 초대할 거예요.
    →

11. 그는 어제 우리에게 밥을 사 줬어요.
    →

12. 우리는 그에게 좌담회에 참가할 것을 요청했어요.
    →

13. 엄마가 저에게 청소하래요. (让)
    →

14. 의사가 저에게 이 약을 먹으래요. (让)
    →

15. 선생님이 저에게 열심히 공부하래요. (叫)
    →

16. 그는 아들에게 뛰어다니지 말라고 했어요. (叫)
    →

17. 그녀의 이야기가 저를 감동시켰어요. (使)
    →

18. 겸손은 사람을 발전시킵니다. (使)
    →

19. 저 해야 할 일이 있어요.
    →

20. 저는 점심 먹을 시간이 없어요.
    →

TEST 정답

01. 我坐地铁上班。 Wǒ zuò dìtiě shàngbān.

02. 我平时坐公交车去学校。 Wǒ píngshí zuò gōngjiāochē qù xuéxiào.

03. 我会坐飞机回来。 Wǒ huì zuò fēijī huílái.

04. 我每天用汉语写日记。 Wǒ měitiān yòng Hànyǔ xiě rìjì.

05. 他们平时用英语交谈。 Tāmen píngshí yòng Yīngyǔ jiāotán.

06. 我不会用筷子夹菜。 Wǒ búhuì yòng kuàizi jiācài.

07. 我们称他为铁公鸡。 Wǒmen chēng tā wéi tiěgōngjī.

08. 我们都称他为英雄。 Wǒmen dōu chēng tā wéi yīngxióng.

09. 那个孩子称她为妈妈。 Nàge háizi chēng tā wéi māma.

10. 我要请她吃饭。 Wǒ yào qǐng tā chīfàn.

11. 他昨天请我们吃饭。 Tā zuótiān qǐng wǒmen chīfàn.

12. 我们请他来参加座谈会。 Wǒmen qǐng tā lái cānjiā zuòtánhuì.

13. 妈妈让我打扫卫生。 Māma ràng wǒ dǎsǎo wèishēng.

14. 大夫让我吃这种药。 Dàifu ràng wǒ chī zhè zhǒng yào.

15. 老师叫我好好学习。 Lǎoshī jiào wǒ hǎohāo xuéxí.

16. 他叫儿子不要跑来跑去。 Tā jiào érzi búyào pǎoláipǎoqù.

17. 她的故事使我很感动。 Tā de gùshi shǐ wǒ hěn gǎndòng.

18. 谦虚使人进步。 Qiānxū shǐ rén jìnbù.

19. 我有事要做。 Wǒ yǒu shì yào zuò.

20. 我没有时间吃午饭。 Wǒ méiyǒu shíjiān chī wǔfàn.

CHAPTER 07

명령하거나 권유하기
- 명령문

Day 055	你好好休息吧。
Day 056	您尝一尝。
Day 057	别生气。
Day 058	千万注意身体。
Day 059	给我走开！
Day 060	你最好是每天锻炼身体。
Day 061	你还是去看医生吧。
Day 062	你小心点儿。

DAY 055 ___월 ___일

> (당신) 푹 쉬어.
>
> # 你好好休息吧。
>
> Nǐ hǎohāo xiūxi ba.

설명 「문장+吧」=「~해, ~하세요」

好好休息 푹 쉬다
你好好休息吧。 (당신) 푹 쉬어(푹 쉬세요).

'~해, ~하세요'라고 상대에게 명령할 때 문장 끝에 吧를 붙입니다.

읽으면서 써 보기 (쓰고 √표시)   🎧 mp3 122

☐ 你好好休息吧。
☐
☐
☐

응용해서 써 보기   🎧 mp3 123

① 빨리 차에 타세요. (차에 타다 = 上车 shàngchē)
   →

② (당신) 먼저 돌아가세요. (먼저 = 先 xiān)
   →

정답
① 快上车吧。Kuài shàngchē ba.
② 你先回去吧。Nǐ xiān huíqù ba.

DAY 056   ___월 ___일

> (당신이) 맛 좀 보세요.
>
> # 您尝一尝。
>
> Nín cháng yi cháng.

설명 「동사+(一)+동사」=「~좀 해 보세요」

尝 맛을 보다
您尝一尝。(당신이) 맛 좀 보세요.

'~좀 해 보세요'라고 상대에게 가볍고 부드럽게 권할 때 「동사+(一)+동사」를 사용합니다. 중간의 一를 생략할 수 있습니다.

읽으면서 써 보기   (쓰고 √표시)   🎧 mp3 124

☐ 您尝一尝。
☐
☐
☐

응용해서 써 보기   🎧 mp3 125

① (당신이) 좀 보세요. (보다 = 看 kàn)
   →

② 얼른 좀 씻으세요. (씻다 = 洗 xǐ)
   →

정답

① 你看一看。Nǐ kàn yi kàn.
② 快洗一洗。Kuài xǐ yi xǐ.

DAY 057 ___월 ___일

화 내지 마세요.
别生气。
Bié shēngqì.

설명 「别+동사」=「~하지 마세요, ~하지 마」

生气 화를 내다
别生气。화 내지 마세요.(화 내지 마)

'~하지 마세요, ~하지 마'라고 어떤 행동을 금지할 때 「别+동사」를 사용합니다.

읽으면서 써 보기 (쓰고 √ 표시)　　　　　　　　mp3 126

☐ 别生气。
☐
☐
☐

응용해서 써 보기　　　　　　　　　　　　　　mp3 127

① 무서워하지 마세요. (무서워하다 = 害怕 hàipà)
　→

② 쓸데없이 참견하지 마세요. (쓸데없이 참견하다 = 管闲事 guǎn xiánshì)
　→

정답
① 别害怕。Bié hàipà.
② 别管闲事。Bié guǎn xiánshì.

DAY 058 ___월 ___일

> 부디 건강 조심하세요.
> # 千万注意身体。
> Qiānwàn zhùyì shēntǐ.

설명 「千万+동사」=「부디/제발 ~하세요」

注意身体 건강에 유의하다
千万注意身体。 부디 건강 조심하세요.

'부디/제발 ~하세요'라고 간절한 부탁을 할 때 「千万+동사」를 사용합니다. '제발 ~하지 마세요'라고 할 때는 「千万+别/不要+동사」를 사용하면 됩니다.

읽으면서 써 보기 (쓰고 √ 표시)   🎧 mp3 128

☐ 千万注意身体。
☐
☐
☐

응용해서 써 보기   🎧 mp3 129

① 꼭 기억하세요. (기억하다 = 记住 jìzhù)
→

② 절대 다른 사람에게 알리지 마세요. (알리다 = 告诉 gàosu)
→

정답
① 千万要记住。 Qiānwàn yào jìzhù.
② 千万别告诉别人。 Qiānwàn bié gàosu biérén.

DAY 059 ___월 ___일

꺼져!

给我走开!

Gěi wǒ zǒukāi!

설명 「给我+동사」=「~해!」

走开 떠나다, 물러나다

给我走开! 꺼져!(저리 가!)

'~해!'라고 명령할 때 동사 혼자만 쓰거나 「给我+동사」를 사용합니다.

읽으면서 써 보기 (쓰고 √표시) 🎧 mp3 130

☐ 给我走开!
☐
☐
☐

응용해서 써 보기 🎧 mp3 131

① 입 다물어!(닥쳐!) (입을 다물다 = 闭嘴 bìzuǐ)

　→

② 거기 서! (멈춰 서다 = 站住 zhànzhù)

　→

정답

① 给我闭嘴! Gěi wǒ bìzuǐ.
② 给我站住! Gěi wǒ zhànzhù.

DAY 060 ___월 ___일

> (당신은) 매일 운동을 하는 게 가장 좋아요.
>
> # 你最好是每天锻炼身体。
>
> Nǐ zuìhǎo shì měitiān duànliàn shēntǐ.

설명 「最好~」=「~이 가장 좋다, 가장 좋은 것은~」

每天锻炼身体 매일 운동을 하다

你最好是每天锻炼身体。(당신은) 매일 운동을 하는 게 가장 좋아요.

'~이 가장 좋다'라고 어떤 방법을 권유할 때「最好+방법」을 사용합니다.

읽으면서 써 보기 (쓰고 √표시)   🎧 mp3 132

☐ 你最好是每天锻炼身体。

☐

☐

☐

응용해서 써 보기   🎧 mp3 133

① 이런 옷은 손세탁이 가장 좋아요. (손세탁 = 手洗 shǒuxǐ)

→

② 당신은 과일과 야채를 많이 먹는 게 가장 좋아요. (야채 = 蔬菜 shūcài)

→

정답
① 这种衣服最好是手洗。Zhè zhǒng yīfu zuìhǎo shì shǒuxǐ.
② 你最好多吃水果和蔬菜。Nǐ zuìhǎo duō chī shuǐguǒ hé shūcài.

DAY 061 ___월 ___일

> (당신은) 진찰 받으시는 게 좋겠어요.
>
> # 你还是去看医生吧。
>
> Nǐ háishi qù kàn yīshēng ba.

설명 「还是~吧」=「~하는 게 좋다, 그래도 ~하세요」

你去看医生吧。(당신은) 진찰 받으세요.
你还是去看医生吧。(당신은) 진찰 받으시는 게 좋겠어요.

'그래도 ~하세요'라고 이렇게 하는 편이 더 좋다는 뜻으로 말할 때 「还是~吧」를 사용합니다.

읽으면서 써 보기 (쓰고 √표시)   mp3 134

☐ 你还是去看医生吧。
☐
☐
☐

응용해서 써 보기   mp3 135

① (당신은) 일찍 가는 게 좋겠어요. (일찍 = 早点 zǎodiǎn)
  →

② (당신은) 청바지를 입는 게 좋겠어요. (청바지 = 牛仔裤 niúzǎikù)
  →

정답
① 你还是早点去吧。Nǐ háishi zǎodiǎn qù ba.
② 你还是穿牛仔裤吧。Nǐ háishi chuān niúzǎikù ba.

DAY 062 ___월 ___일

> (당신은) 좀 조심하세요.
>
> # 你小心点儿。
>
> Nǐ xiǎoxīn diǎnr.

설명 「형용사+(一)点儿」 = 「좀/조금 ~하세요/해」

小心 조심하다

你小心点儿。(당신은) 좀 조심하세요.

'좀/조금 ~하세요'라고 당부할 때 「형용사+(一)点儿」를 사용합니다. 便宜(싸다), 冷静(진정하다), 认真(열심히 하다) 등을 여기에 사용할 수 있습니다.

읽으면서 써 보기 (쓰고 √표시)   🎧 mp3 136

☐ 你小心点儿。
☐
☐
☐

응용해서 써 보기   🎧 mp3 137

① 소리를 좀 더 켜 주세요. (소리 = 声音 Shēngyīn, 크다 = 大 dà)
  →

② 좀 조용히 해 주세요. (조용하다 = 安静 ānjìng)
  →

> **정답**
> ① 声音再大一点儿。Shēngyīn zài dà yìdiǎnr.
> ② 安静一点儿。Ānjìng yìdiǎnr.

TEST

※ 배운 문장을 기억하여 중국어로 써 보세요.

01. (당신) 푹 쉬어.
   →

02. 빨리 차에 타세요.
   →

03. (당신) 먼저 돌아가세요.
   →

04. (당신이) 맛 좀 보세요.
   →

05. (당신이) 좀 보세요.
   →

06. 얼른 좀 씻으세요.
   →

07. 화 내지 마세요.
   →

08. 무서워하지 마세요.
   →

09. 쓸데없이 참견하지 마세요.
   →

10. 부디 건강 조심하세요.
   →

11. 꼭 기억하세요.
    →

12. 절대 다른 사람에게 알리지 마세요.
    →

13. 꺼져!
    →

14. 입 다물어!
    →

15. (당신은) 매일 운동을 하는 게 가장 좋아요.
    →

16. 이런 옷은 손세탁이 가장 좋아요.
    →

17. (당신은) 진찰 받으시는 게 좋겠어요.
    →

18. (당신은) 일찍 가는 게 좋겠어요.
    →

19. (당신은) 좀 조심하세요.
    →

20. 좀 조용히 해 주세요.
    →

TEST 정답

01. 你好好休息吧。 Nǐ hǎohāo xiūxi ba.

02. 快上车吧。 Kuài shàngchē ba.

03. 你先回去吧。 Nǐ xiān huíqù ba.

04. 您尝一尝。 Nín cháng yi cháng.

05. 你看一看。 Nǐ kàn yi kàn.

06. 快洗一洗。 Kuài xǐ yi xǐ.

07. 别生气。 Bié shēngqì.

08. 别害怕。 Bié hàipà.

09. 别管闲事。 Bié guǎn xiánshì.

10. 千万注意身体。 Qiānwàn zhùyì shēntǐ.

11. 千万要记住。 Qiānwàn yào jìzhù.

12. 千万别告诉别人。 Qiānwàn bié gàosu biérén.

13. 给我走开！ Gěi wǒ zǒukāi!

14. 给我闭嘴！ Gěi wǒ bìzuǐ!

15. 你最好是每天锻炼身体。 Nǐ zuìhǎo shì měitiān duànliàn shēntǐ.

16. 这种衣服最好是手洗。 Zhè zhǒng yīfu zuìhǎo shì shǒuxǐ.

17. 你还是去看医生吧。 Nǐ háishi qù kàn yīshēng ba.

18. 你还是早点去吧。 Nǐ háishi zǎodiǎn qù ba.

19. 你小心点儿。 Nǐ xiǎoxīn diǎnr.

20. 安静一点儿。 Ānjìng yìdiǎnr.

CHAPTER 08

질문하기 II
- 의견 물어보기(선택, 허가, 제안, 확인)

Day 063   你付现金还是刷卡?
Day 064   在这里可以抽烟吗?
Day 065   你要不要再吃点水果?
Day 066   咱们去济州岛旅游, 好不好?
Day 067   你是不是工作压力太大了?
Day 068   这些书是你的, 对不对?

DAY 063 ___월 ___일

(당신은) 현금으로 하실 거예요 아니면 카드로 하실 거예요?

你付现金还是刷卡?

Nǐ fù xiànjīn háishi shuākǎ?

설명 「명사/동사+还是+명사/동사?」 = 「~할 거예요 (아니면) ~할 거예요?」

你付现金吗? (당신은) 현금 낼 거예요? + 你刷卡吗? (당신은) 카드를 긁을 거예요?
你付现金还是刷卡? (당신은) 현금으로 하실 거예요 아니면 카드로 하실 거예요?

둘 중 하나를 선택하라는 질문을 할 때 还是를 사용합니다. 「A还是B?(A 아니면 B?)」의 형식을 사용할 때는 뒤에 질문에 사용하는 吗를 붙이지 않습니다.

읽으면서 써 보기 (쓰고 √ 표시)　　　　　　　　　　　mp3 138

☐ 你付现金还是刷卡?
☐
☐
☐

응용해서 써 보기　　　　　　　　　　　　　　　　mp3 139

① 우리 버스 타요 아니면 지하철 타요? (지하철 = 地铁 dìtiě)
　→

② (당신은) 커피 마실래요 아니면 녹차 마실래요? (녹차 = 绿茶 lǜchá)
　→

정답
① 我们坐公交车还是坐地铁? Wǒmen zuò gōngjiāochē háishi zuò dìtiě?
② 你喝咖啡还是喝绿茶? Nǐ hē kāfēi háishi hē lǜchá?

DAY 064 ___월___일

> 여기에서 담배 피워도 돼요?
>
> # 在这里可以抽烟吗?
>
> Zài zhèli kěyǐ chōuyān ma?

설명 「可以~吗?」=「~해도 돼요?」

在这里抽烟 여기에서 담배를 피우다

在这里可以抽烟吗? 여기에서 담배 피워도 돼요?

'~해도 돼요?'라고 상대방에게 물어볼 때 「可以~吗?」를 사용합니다. 보통 상대방의 허락을 구하거나 가능성에 대해 확인할 때 사용합니다.

읽으면서 써 보기 (쓰고 √ 표시)   🎧 mp3 140

☐ 在这里可以抽烟吗?
☐
☐
☐

응용해서 써 보기   🎧 mp3 141

① 제가 참가해도 돼요? (참가하다 = 参加 cānjiā)

  →

② 이 옷 환불 돼요? (환불하다 = 退货 tuìhuò)

  →

정답

① 我可以参加吗? Wǒ kěyǐ cānjiā ma?
② 这衣服可以退货吗? Zhè yīfu kěyǐ tuìhuò ma?

DAY 065 ___월 ___일

> (당신) 과일 좀 더 드실래요?
> # 你要不要再吃点水果?
> Nǐ yào bu yào zài chī diǎn shuǐguǒ?

설명 「要不要~?」=「~할래요?」

我要再吃点水果。 저 과일 좀 더 먹을래요.
你要不要再吃点水果? (당신) 과일 좀 더 드실래요?

'~할래요?'라는 뜻으로 상대방의 의사를 물어보거나 제안할 때 「要不要~?」를 사용합니다.

읽으면서 써 보기 (쓰고 √ 표시) 🎧 mp3 142

☐ 你要不要再吃点水果?
☐
☐
☐

응용해서 써 보기 🎧 mp3 143

① (당신이) 하나 맛보실래요? (맛보다 = 尝 cháng)
  →

② (당신) 먼저 돌아가실래요? (돌아가다 = 回去 huíqù)
  →

정답
① 你要不要尝一个? Nǐ yào bu yào cháng yí ge?
② 你要不要先回去? Nǐ yào bu yào xiān huíqù?

DAY 066 ___월 ___일

> 우리 제주도 가는 거 어때요?
>
> # 咱们去济州岛，好不好?
>
> Zánmen qù Jìzhōudǎo, hǎo bu hǎo?

설명 「~好不好?」=「~하는 게 어때요?」

咱们去济州岛吧。 우리 제주도 가자.
咱们去济州岛，好不好? 우리 제주도 가는 거 어때요?

'~하는 게 어때요?'라고 상대방에게 부드럽게 제안할 때 「~好不好?」의 형식을 사용합니다.

읽으면서 써 보기 (쓰고 √ 표시) mp3 144

☐ 咱们去济州岛，好不好?
☐
☐
☐

응용해서 써 보기 mp3 145

① 일요일에 등산가는 거 어때요? (등산하다 = 爬山 páshān)
→

② 우리 다음에 다시 이야기 하는 거 어때? (이야기하다 = 聊 liáo)
→

정답

① 星期天去爬山，好不好? Xīngqītiān qù páshān, hǎo bu hǎo?
② 我们下次再聊，好不好? wǒmen xiàcì zài liáo, hǎo bu hǎo?

DAY 067 ___월 ___일

> (당신) 업무 스트레스가 너무 큰 거 아니에요?
> **你是不是工作压力太大了?**
> Nǐ shì bu shì gōngzuò yālì tài dà le?

설명 「是不是~?」=「~인 거 아니에요?」

我工作压力太大了。 (저) 업무 스트레스가 너무 커요.
你是不是工作压力太大了? (당신) 업무 스트레스가 너무 큰 거 아니에요?

'~인 거 아니에요?'라고 상대방에게 사실을 확인하는 뜻으로 물어볼 때 「是不是~?」의 형식을 사용합니다.

읽으면서 써 보기 (쓰고 √표시)　　　　　　　　　　mp3 146

☐ 你是不是工作压力太大了?
☐
☐
☐

응용해서 써 보기　　　　　　　　　　　　　　　　mp3 147

① 색깔이 특히 예쁘지 않아요? (색깔 = 色彩 sècǎi, 특히 = 特别 tèbié)
　→

② (당신) 뭐 잘못 먹은 거 아니에요? (잘못 먹다 = 吃错 chīcuò)
　→

정답
① 色彩是不是特别漂亮啊? Sècǎi shì bu shì tèbié piàoliang a?
② 你是不是吃错了什么东西? Nǐ shì bu shì chīcuò le shénme dōngxi?

DAY 068 ___월 ___일

> 이 책들은 당신 거 맞지요?
>
> # 这些书是你的, 对不对?
> Zhèxiē shū shì nǐ de, duì bu duì?

설명 「~对不对?」=「~맞지요?」

这些书是你的。 이 책들은 당신 거예요.

这些书是你的, 对不对? 이 책들은 당신 거 맞지요?

'~맞지요?'라고 자신이 확신하는 것을 상대에게 확인할 때 「~对不对?」의 형식을 사용합니다.

읽으면서 써 보기 (쓰고 √표시) 🎧 mp3 148

☐ 这些书是你的, 对不对?
☐
☐
☐

응용해서 써 보기 🎧 mp3 149

① 그는 정말 대단해요, 그렇죠? (대단하다 = 厉害 lìhai)
→

② 우리 예전에 만난 적 있는 거 맞지요? (예전 = 以前 yǐqián)
→

정답

① 他很厉害, 对不对? Tā hěn lìhai, duì bu duì?
② 我们以前见过面, 对不对? Wǒmen yǐqián jiànguo miàn, duì bu duì?

TEST

※ 배운 문장을 기억하여 중국어로 써 보세요.

01. (당신은) 현금으로 하실 거예요 아니면 카드로 하실 거예요?
    →

02. 우리 버스 타요 아니면 지하철 타요?
    →

03. (당신은) 흰밥 먹을래요 아니면 볶음밥 먹을래요?(흰밥: 米饭 mǐfàn, 볶음밥: 炒饭 chǎofàn)
    →

04. (당신은) 커피 마실래요 아니면 녹차 마실래요?
    →

05. 여기에서 담배 피워도 돼요?
    →

06. 제가 참가해도 돼요?
    →

07. 나 들어가도 돼?(들어가다: 进去 jìnqù)
    →

08. 이 옷 환불 돼요?
    →

09. (당신) 과일 좀 더 드실래요?
    →

10. (당신이) 하나 맛보실래요?
    →

11. (당신) 먼저 돌아가실래요?
→

12. 우리 제주도 가는 거 어때요?
→

13. 일요일에 등산가는 거 어때요?
→

14. 우리 다음에 다시 이야기 하는 거 어때?
→

15. (당신) 업무 스트레스가 너무 큰 거 아니에요?
→

16. 색깔이 특히 예쁘지 않아요?
→

17. (당신) 뭐 잘못 먹은 거 아니에요?
→

18. 이 책들은 당신 거 맞지요?
→

19. 그는 정말 대단해요, 그렇죠?
→

20. 우리 예전에 만난 적 있는 거 맞지요?
→

TEST 정답

01. 你付现金还是刷卡？ Nǐ fù xiànjīn háishi shuākǎ?
02. 我们坐公交车还是坐地铁？ Wǒmen zuò gōngjiāochē háishi zuò dìtiě?
03. 你吃米饭还是吃炒饭？ Nǐ chī mǐfàn háishi chī chǎofàn?
04. 你喝咖啡还是喝绿茶？ Nǐ hē kāfēi háishi hē lǜchá?
05. 在这里可以抽烟吗？ Zài zhèli kěyǐ chōuyān ma?
06. 我可以参加吗？ Wǒ kěyǐ cānjiā ma?
07. 我可以进去吗？ Wǒ kěyǐ jìnqù ma?
08. 这衣服可以退货吗？ Zhè yīfu kěyǐ tuìhuò ma?
09. 你要不要再吃点水果？ Nǐ yào bu yào zài chī diǎn shuǐguǒ?
10. 你要不要尝一个？ Nǐ yào bu yào cháng yí ge?
11. 你要不要先回去？ Nǐ yào bu yào xiān huíqù?
12. 我们去济州岛，好不好？ Wǒmen qù Jìzhōudǎo, hǎo bu hǎo?
13. 星期天去爬山，好不好？ Xīngqītiān qù páshān, hǎo bu hǎo?
14. 我们下次再聊，好不好？ Wǒmen xiàcì zài liáo, hǎo bu hǎo?
15. 你是不是工作压力太大了？ Nǐ shì bu shì gōngzuò yālì tài dà le?
16. 色彩是不是特别漂亮啊？ Sècǎi shì bu shì tèbié piàoliang a?
17. 你是不是吃错了什么东西？ Nǐ shì bu shì chīcuò le shénme dōngxi?
18. 这些书是你的，对不对？ Zhèxiē shū shì nǐ de, duì bu duì?
19. 他很厉害，对不对？ Tā hěn lìhai, duì bu duì?
20. 我们以前见过面，对不对？ Wǒmen yǐqián jiànguo miàn, duì bu duì?

CHAPTER 09

비교해서 말하기
- 비교문

Day 069	今天比昨天冷。
Day 070	弟弟比哥哥更高。
Day 071	他比我大三岁。
Day 072	今天没有昨天热。
Day 073	他有你这么高。
Day 074	我的身高跟他一样。
Day 075	他像歌手那样会唱歌。
Day 076	今天的天气不如昨天。
Day 077	天气越来越热。
Day 078	人越多越好。
Day 079	你的成绩不亚于他。
Day 080	天气一天比一天暖和了。

DAY 069 ___월 ___일

> 오늘 어제보다 추워요.
>
> # 今天比昨天冷。
>
> Jīntiān bǐ zuótiān lěng.

설명 「比+명사+형용사」=「~보다 ~하다」

今天很冷。오늘 추워요.
今天比昨天冷。오늘 어제보다 추워요.

'~보다 ~하다'라고 어떤 것과 비교해서 말할 때 「比+명사+형용사」의 형식을 사용합니다.

읽으면서 써 보기   (쓰고 √표시)   mp3 150

☐ 今天比昨天冷。
☐
☐
☐

응용해서 써 보기   mp3 151

① 그는 저보다 말랐어요. (마르다 = 瘦 shòu)
  →

② 이 아이는 저보다 똑똑해요. (똑똑하다 = 聪明 cōngming)
  →

정답
① 他比我瘦。Tā bǐ wǒ shòu.
② 这孩子比我聪明。Zhè háizi bǐ wǒ cōngming.

DAY 070 ___월 ___일

> 남동생이 형보다 더욱 커요.
> # 弟弟比哥哥更高。
> Dìdi bǐ gēge gèng gāo.

설명 「比+명사+更/还+형용사」=「~보다 더욱 ~하다」

弟弟很高。 남동생이 커요.
弟弟比哥哥更高。 남동생이 형보다 더욱 커요.

'~보다 더 ~하다'라고 어떤 것과 비교해서 얘기할 때 「比+명사+更/还+형용사」의 형식을 사용합니다.

읽으면서 써 보기 (쓰고 √표시)   mp3 152

☐ 弟弟比哥哥更高。
☐
☐
☐

응용해서 써 보기   mp3 153

① 지하철이 버스보다 더 빨라요. (지하철 = 地铁 dìtiě)
　→

② 이 수박은 저것보다 더 싸요. (수박 = 西瓜 xīguā, 싸다 = 便宜 piányi)
　→

정답
① 地铁比公交车更快。Dìtiě bǐ gōngjiāochē gèng kuài.
② 这种西瓜比那种还便宜。Zhè zhǒng xīguā bǐ nà zhǒng hái piányi.

DAY 071 ___월 ___일

> 그는 저보다 나이가 세 살 많아요.
>
> **他比我大三岁。**
>
> Tā bǐ wǒ dà sān suì.

설명 「比+명사+형용사+구체적인 차이」=「~보다 얼마만큼 ~하다」

他比我大。 그는 저보다 나이가 많아요.
他比我大三岁。 그는 저보다 나이가 세 살 많아요.

'~보다 얼마만큼 ~하다'라고 어떤 것과 비교해서 구체적인 차이를 얘기할 때 「比+명사+형용사+구체적인 차이」의 형식을 사용합니다.

읽으면서 써 보기 (쓰고 √ 표시)   mp3 154

☐ 他比我大三岁。
☐
☐
☐

응용해서 써 보기   mp3 155

① 이게 저것보다 10위안 더 비싸요. (비싸다 = 贵 guì)
→

② 제가 다른 사람보다 한 시간 더 일찍 와요. (일찍 오다 = 早来 zǎolái)
→

정답
① 这个比那个贵十块钱。 Zhège bǐ nàge guì shí kuài qián.
② 我比别人早来一个小时。 Wǒ bǐ biérén zǎolái yí ge xiǎoshí.

DAY 072 ___월 ___일

> 오늘은 어제만큼 덥지 않아요.
>
> ## 今天没有昨天热。
>
> Jīntiān méiyǒu zuótiān rè.

설명 「没有+명사+형용사」=「~만큼 ~하지 않다」

今天比昨天热。오늘은 어제보다 더워요.

今天没有昨天热。오늘은 어제만큼 덥지 않아요.

'~만큼 ~하지 않다'라고 어떤 것에 못 미친다고 말할 때 「没有+명사+형용사」의 형식을 사용합니다.

읽으면서 써 보기 (쓰고 √표시) 🎧 mp3 156

☐ 今天没有昨天热。
☐
☐
☐

응용해서 써 보기 🎧 mp3 157

① 이 방은 저것만큼 크지 않아요. (방 = 房间 fángjiān)

→

② 저는 오빠만큼 영화를 좋아하지 않아요. (영화 보다 = 看电影 kàn diànyǐng)

→

정답

① 这个房间没有那个大。Zhège fángjiān méiyǒu nàge dà.
② 我没有哥哥那么爱看电影。Wǒ méiyǒu gēge nàme ài kàn diànyǐng.

DAY 073 ___월 ___일

그는 당신만큼 이렇게 커요.

他有你这么高。

Tā yǒu nǐ zhème gāo.

설명 「有+명사+这么/那么+형용사」=「~만큼 이렇게/저렇게 ~하다」

他很高。 그는 (키가) 커요.

他有你这么高。 그는 당신만큼 이렇게 커요.

'~만큼 이렇게/저렇게 ~하다'라고 어떤 것만큼의 수준이라고 말할 때 「有+명사+这么/那么+형용사」의 형식을 사용합니다.

읽으면서 써 보기 (쓰고 √표시) mp3 158

☐ 他有你这么高。
☐
☐
☐

응용해서 써 보기 mp3 159

① 북경은 한국만큼 그렇게 추워요. (북경 = 北京 Běijīng)

→

② 이 나무는 2층 건물만큼 그렇게 높아요. (나무 = 树 shù, 건물 = 楼 lóu)

→

정답

① 北京有韩国那么冷。Běijīng yǒu Hánguó nàme lěng.
② 这棵树有两层楼那么高。Zhè kē shù yǒu liǎng céng lóu nàme gāo.

DAY 074 ___월 ___일

> 제 키는 그와 같아요.
>
> # 我的身高跟他一样。
>
> Wǒ de shēngāo gēn tā yíyàng.

설명 「跟 + 명사 + 一样」=「~과 같다」

跟他一样 그와 같다

我的身高跟他一样。 제 키는 그와 같아요.

'~과 같다'라고 어떤 것과 똑같다고 말할 때 「跟 + 명사 + 一样」의 형식을 사용합니다.

읽으면서 써 보기 (쓰고 √ 표시)　　　　　　　　　　🎧 mp3 160

☐ 我的身高跟他一样。
☐
☐
☐

응용해서 써 보기　　　　　　　　　　🎧 mp3 161

① 내 마음도 너와 같아. (마음 = 心 xīn)
　→
② 이 신발은 새것과 같아요. (새것 = 新的 xīn de)
　→

> **정답**
> ① 我的心也跟你一样。Wǒ de xīn yě gēn nǐ yíyàng.
> ② 这鞋子跟新的一样。Zhè xiézi gēn xīn de yíyàng.

DAY 075 ___월___일

> 그는 가수처럼 그렇게 노래를 부를 줄 알아요.
>
> # 他像歌手那样会唱歌。
>
> Tā xiàng gēshǒu nàyàng huì chànggē.

설명 「像+명사+那样/那么/这样/这么+형용사/동사」=「~처럼 그렇게/이렇게 ~하다」

他会唱歌。 그는 노래를 부를 줄 알아요.

他像歌手那样会唱歌。 그는 가수처럼 그렇게 노래를 부를 줄 알아요.

'~처럼 그렇게/이렇게 ~하다'라고 어떤 것과 닮았다고 말할 때 「像+명사+那样/那么/这样/这么+형용사/동사」의 형식을 사용합니다.

읽으면서 써 보기 (쓰고 √ 표시) 🎧 mp3 162

☐ 他像歌手那样会唱歌。
☐
☐
☐

응용해서 써 보기 🎧 mp3 163

① 남동생은 형처럼 그렇게 노력해요. (노력하다 = 努力 nǔlì)
→

② 딸이 당신처럼 이렇게 예뻐요. (예쁘다 = 漂亮 piàoliang)
→

정답

① 弟弟像哥哥那样努力。Dìdi xiàng gēge nàyàng nǔlì.
② 女儿像你这么漂亮。Nǚér xiàng nǐ zhème piàoliang.

DAY 076 ___월 ___일

> 오늘 날씨가 어제만 못해요.
>
> # 今天的天气不如昨天。
>
> Jīntiān de tiānqì bùrú zuótiān.

설명 「不如~」=「~만 못하다, ~가 더 낫다」

今天天气好。 오늘 날씨가 좋아요.
今天的天气不如昨天。 오늘 날씨가 어제만 못해요(어제가 더 좋아요).

'~만 못하다, ~가 더 낫다'라고 말할 때 「A不如B(A가 B만 못하다)」의 형식을 사용합니다.

읽으면서 써 보기 (쓰고 √표시) 🎧 mp3 164

☐ 今天的天气不如昨天。
☐
☐
☐

응용해서 써 보기 🎧 mp3 165

① 백문이 불여일견이다. (듣다 = 闻 wén, 보다 = 见 jiàn)

→

② 그의 체력은 확실히 작년만 못해요. (체력 = 体力 tǐlì, 확실히 = 明显 míngxiǎn)

→

정답

① 百闻不如一见。Bǎi wén bùrú yí jiàn.
② 他的体力明显不如去年。Tā de tǐlì míngxiǎn bùrú qùnián.

DAY 077 ___월 ___일

> 날씨가 점점 더워져요.
>
> # 天气越来越热。
>
> Tiānqì yuèláiyuè rè.

설명 「越来越+형용사/동사」 = 「점점 ~해지다」

天气很热。 날씨가 더워요.

天气越来越热。 날씨가 점점 더워져요.

'점점 ~해지다'라고 변하고 있는 것을 말할 때 「越来越+형용사」의 형식을 사용합니다.

읽으면서 써 보기 (쓰고 √표시)   🎧 mp3 166

☐ 天气越来越热。
☐
☐
☐

응용해서 써 보기   🎧 mp3 167

① 물가가 점점 높아져요. (물가 = 物价 wùjià)

→

② 중국어를 배우는 사람이 점점 많아졌어요. (배우다 = 学习 xuéxí)

→

정답
① 物价越来越高。Wùjià yuèláiyuè gāo.
② 学习汉语的人越来越多了。Xuéxí Hànyǔ de rén yuèláiyuè duō le.

DAY 078 ___월 ___일

> 사람이 많을수록 좋아요.
> # 人越多越好。
> Rén yuè duō yuè hǎo.

설명 「越+형용사/동사+越+형용사/동사」=「~할수록 ~하다」

人越来越多 사람이 점점 많아지다 + 越来越好 점점 좋아지다

人越多越好。사람이 많을수록 좋아요.

'~할수록 ~하다'라고 어떤 변화에 대한 결과를 말할 때「越A越B(A할수록 B하다)」의 형식을 사용합니다.

읽으면서 써 보기 (쓰고 √ 표시)   🎧 mp3 168

☐ 人越多越好。
☐
☐
☐

응용해서 써 보기   🎧 mp3 169

① 상품이 비쌀수록 잘 팔려요. (잘 팔리다 = 畅销 chàngxiāo)
  →

② 그들 둘은 이야기할수록 마음이 잘 맞아요. (마음이 맞다 = 投缘 tóuyuán)
  →

정답
① 商品越贵越畅销。Shāngpǐn yuè guì yuè chàngxiāo.
② 他们俩越谈越投缘。Tāmen liǎ yuè tán yuè tóuyuán.

DAY 079 ___월 ___일

> 당신의 성적은 그에게 뒤지지 않아요.
> **你的成绩不亚于他。**
> Nǐ de chéngjì búyàyú tā.

설명 「不亚于+명사」= 「~에 뒤지지 않다, ~에 못지않다」

他的成绩最好。 그의 성적이 가장 좋아요.
你的成绩不亚于他。 당신의 성적은 그에게 뒤지지 않아요.

'~에 뒤지지 않다, ~에 못지않다'라고 어떤 것에 상응하는 수준이라고 말할 때 「不亚于+명사」의 형식을 사용합니다.

읽으면서 써 보기 (쓰고 √표시)   mp3 170

☐ 你的成绩不亚于他。
☐
☐
☐

응용해서 써 보기   mp3 171

① 그의 영어 실력이 당신 못지않아요. (실력 = 水平 shuǐpíng)
  →

② 그가 그림 그리는 것이 화가 못지않아요. (화가 = 画家 huàjiā)
  →

정답
① 他的英语水平不亚于你。Tā de yīngyǔ shuǐpíng búyàyú nǐ.
② 他画画不亚于画家。Tā huàhuà búyàyú huàjiā.

DAY 080 ___월 ___일

> 날씨가 나날이 따뜻해졌어요.
> 天气一天比一天暖和了。
> Tiānqì yì tiān bǐ yì tiān nuǎnhuo le.

설명 「一~比一~」=「매~」

天气暖和了。 날씨가 따뜻해졌어요.
天气一天比一天暖和了。 날씨가 나날이 따뜻해졌어요.

'매~'라고 시간에 따르는 변화를 말할 때 「一~比一~」의 형식을 사용합니다.

읽으면서 써 보기 (쓰고 √표시)   mp3 172

☐ 天气一天比一天暖和了。
☐
☐
☐

응용해서 써 보기   mp3 173

① 그의 시험 성적이 매번 좋아져요. (시험 성적 = 考试成绩 kǎoshì chéngjì)

→

② 외국 여행을 가는 인구수가 매년 증가해요. (증가하다 = 增加 zēngjiā)

→

정답
① 他考试成绩一次比一次好。Tā kǎoshì chéngjì yí cì bǐ yí cì hǎo.
② 出国旅游的人数一年比一年增加。Chūguó lǚyóu de rénshù yì nián bǐ yì nián zēngjiā.

TEST

※ 배운 문장을 기억하여 중국어로 써 보세요.

01. 오늘 어제보다 추워요.
    →

02. 그는 저보다 말랐어요.
    →

03. 남동생이 형보다 더욱 커요.
    →

04. 지하철이 버스보다 더 빨라요.
    →

05. 그는 저보다 나이가 세 살 많아요.
    →

06. 이게 저것보다 10위안 더 비싸요.
    →

07. 오늘은 어제만큼 덥지 않아요.
    →

08. 이 방은 저것만큼 크지 않아요.
    →

09. 그는 당신만큼 이렇게 커요.
    →

10. 이 나무는 2층 건물만큼 그렇게 높아요.
    →

11. 제 키는 그와 같아요.
    →

12. 이 신발은 새것과 같아요.
    →

13. 그는 가수처럼 그렇게 노래를 부를 줄 알아요.
    →

14. 딸이 당신처럼 이렇게 예뻐요.
    →

15. 오늘 날씨가 어제만 못해요.
    →

16. 백문이 불여일견이다.
    →

17. 날씨가 점점 더워져요.
    →

18. 사람이 많을수록 좋아요.
    →

19. 당신의 성적은 그에게 뒤지지 않아요.
    →

20. 날씨가 나날이 따뜻해졌어요.
    →

01. 今天比昨天冷。 Jīntiān bǐ zuótiān lěng.

02. 他比我瘦。 Tā bǐ wǒ shòu.

03. 弟弟比哥哥更高。 Dìdi bǐ gēge gèng gāo.

04. 地铁比公交车更快。 Dìtiě bǐ gōngjiāochē gèng kuài.

05. 他比我大三岁。 Tā bǐ wǒ dà sān suì.

06. 这个比那个贵十块钱。 Zhège bǐ nàge guì shí kuài qián.

07. 今天没有昨天热。 Jīntiān méiyǒu zuótiān rè.

08. 这个房间没有那个大。 Zhège fángjiān méiyǒu nàge dà.

09. 他有你这么高。 Tā yǒu nǐ zhème gāo.

10. 这棵树有两层楼那么高。 Zhè kē shù yǒu liǎng céng lóu nàme gāo.

11. 我的身高跟他一样。 Wǒ de shēngāo gēn tā yíyàng.

12. 这鞋子跟新的一样。 Zhè xiézi gēn xīn de yíyàng.

13. 他像歌手那样会唱歌。 Tā xiàng gēshǒu nàyàng huì chànggē.

14. 女儿像你这么漂亮。 Nǚér xiàng nǐ zhème piàoliang.

15. 今天的天气不如昨天。 Jīntiān de tiānqì bùrú zuótiān.

16. 百闻不如一见。 Bǎi wén bùrú yí jiàn.

17. 天气越来越热。 Tiānqì yuèláiyuè rè.

18. 人越多越好。 Rén yuè duō yuè hǎo.

19. 你的成绩不亚于他。 Nǐ de chéngjì búyàyú tā.

20. 天气一天比一天暖和了。 Tiānqì yì tiān bǐ yì tiān nuǎnhuo le.

CHAPTER 10

상태, 동작이 어떠한지 말하기
- 정도 보어, 정태 보어

Day 081　　小孩子高兴极了。

Day 082　　那个姑娘漂亮得很。

Day 083　　我最近过得很好。

Day 084　　他说汉语说得很流利。

Day 085　　这个字写得不对。

Day 086　　他看书看得忘了吃饭。

DAY 081 ___월 ___일

아이가 무척 기뻐해요.

小孩子高兴极了。

Xiǎoháizi gāoxìng jí le.

설명 「형용사 + 极了/死了/透了/坏了」=「아주/심하게/무척 ~하다」

小孩子高兴 아이가 기뻐하다

小孩子高兴极了。 아이가 무척 기뻐해요.

'아주/심하게/무척 ~하다'라고 상태가 어떠하다는 표현할 때 형용사 뒤에 极了/死了/透了/坏了 와 같은 단어들을 붙입니다.

읽으면서 써 보기 (쓰고 √표시)   🎧 mp3 174

☐ 小孩子高兴极了。
☐
☐
☐

응용해서 써 보기   🎧 mp3 175

① 저 배고파 죽겠어요. (배고프다 = 饿 è)

   →

② 이 경기 정말 멋있었어요. (경기 = 比赛 bǐsài, 훌륭하다 = 精彩 jīngcǎi)

   →

정답

① 我饿死了。Wǒ è sǐ le.
② 这场比赛精彩极了。Zhè chǎng bǐsài jīngcǎi jí le.

DAY 082 ___월 ___일

> 그 아가씨는 아주 예뻐요.
> ## 那个姑娘漂亮得很。
> nàge gūniang piàoliang de hěn.

설명 「형용사+得+很/厉害/不得了」=「아주/심하게/무척 ~하다」

那个姑娘漂亮 그 아가씨가 예쁘다
那个姑娘漂亮得很。그 아가씨는 아주 예뻐요.

'아주/심하게/무척 ~하다'라고 상태가 어떠하다는 표현할 때 형용사 뒤에 得를 쓰고 很/厉害/不得了와 같은 단어들을 붙입니다.

읽으면서 써 보기 (쓰고 √표시)   mp3 176

☐ 那个姑娘漂亮得很。
☐
☐
☐

응용해서 써 보기   mp3 177

① 저 다리가 심하게 아파요. (다리 = 腿 tuǐ, 아프다 = 疼 téng)
→

② 그들은 엄청 긴장했어요. (긴장하다 = 紧张 jǐnzhāng)
→

정답
① 我腿疼得厉害。Wǒ tuǐ téng de lìhai.
② 他们紧张得不得了。Tāmen jǐnzhāng de bùdeliǎo.

DAY 083 ___월 ___일

> 저 요즘 잘 지내요.
> # 我最近过得很好。
> Wǒ zuìjìn guò de hěn hǎo.

설명 「동사+得+형용사」=「~하는 게 ~하다」
　　　我最近过得很好。 저 요즘 잘 지내요(아주 좋아요).
'~하는 게 ~하다'라고 어떤 동작/행동의 정도나 상태를 말할 때 「동사+得+형용사」의 형식을 사용합니다.

읽으면서 써 보기 (쓰고 √표시)　　　mp3 178

☐ 我最近过得很好。
☐
☐
☐

응용해서 써 보기　　　mp3 179

① 그녀는 어제 늦게 왔어요. (늦다 = 晚 wǎn)
　→

② 저는 어젯밤에 아주 잘 잤어요. (잠이 달콤하다 = 香 xiāng)
　→

정답
① 她昨天来得很晚。 Tā zuótiān lái de hěn wǎn.
② 我昨晚睡得很香。 Wǒ zuówǎn shuì de hěn xiāng.

DAY 084 ___월 ___일

> 그는 중국어를 유창하게 잘 해요.
> **他说汉语说得很流利。**
> Tā shuō Hànyǔ shuō de hěn liúlì.

설명 「(동사)+명사+동사+得+형용사」=「~하는 게 ~하다」

他说汉语 그가 중국어를 하다
他 (说) 汉语说得很流利。 그가 중국어를 아주 잘 해요(아주 유창해요).

'~하는 게 ~하다'라고 어떤 동작/행동의 정도나 상태를 말할 때 「(동사)+명사+동사+得+형용사」의 형식을 사용합니다. 목적어가 있을 때 이렇게 말합니다. 맨 앞에 동사는 생략할 수 있습니다.

읽으면서 써 보기 (쓰고 √ 표시) mp3 180

☐ 他说汉语说得很流利。
☐
☐
☐

응용해서 써 보기 mp3 181

① 그가 걷는 게 아주 빨라요. (걷다 = 走路 zǒulù)
  →

② 할아버지가 담배를 많이 피우세요. (담배 피우다 = 抽烟 chōuyān)
  →

정답
① 他走路走得很快。Tā zǒulù zǒu de hěn kuài.
② 爷爷抽烟抽得很多。Yéye chōuyān chōu de hěn duō.

DAY 085 ___월 ___일

이 글자 틀리게 썼어요.

这个字写得不对。

Zhège zì xiě de búduì.

설명 「동사+得+不+형용사」=「~하는 게 ~하지 않다」

这个字写得对。 이 글자 맞게 썼어요.

这个字写得不对。 이 글자 틀리게 썼어요(쓴 게 안 맞아요).

'~하는 게 ~하지 않다'라고 어떤 동작/행동의 정도나 상태를 말할 때 「동사+得+不+형용사」의 형식을 사용합니다.

읽으면서 써 보기 (쓰고 √표시)   🎧 mp3 182

☐ 这个字写得不对。
☐
☐
☐

응용해서 써 보기   🎧 mp3 183

① 그가 말하는 게 분명하지 않아요. (분명하다 = 清楚 qīngchu)

   →

② 제 누나는 예쁘게 생기지 않았어요. (생기다 = 长 zhǎng)

   →

정답

① 他的话说得不清楚。 Tā de huà shuō de bù qīngchu.
② 我姐姐长得不漂亮。 Wǒ jiějie zhǎng de bú piàoliang.

DAY 086 ___월 ___일

> 그는 책을 밥 먹는 걸 잊을 정도로 봐요.
>
> # 他看书看得忘了吃饭。
>
> Tā kànshū kàn de wàng le chīfàn.

설명 「동사+得+문장」=「~하는 게 ~하다」

他看书看得 그는 책을 보는 게

他看书看得忘了吃饭。 그는 책을 밥 먹는 걸 잊을 정도로 봐요.

'~하는 게 ~하다'라고 어떤 동작/행동의 정도나 상태를 비유해서 말할 때 「동사+得+문장」의 형식을 사용합니다.

읽으면서 써 보기   (쓰고 √ 표시)   🎧 mp3 184

☐ 他看书看得忘了吃饭。
☐
☐
☐

응용해서 써 보기   🎧 mp3 185

① 그는 얼굴이 빨개질 정도로 화가 났어요. (얼굴이 빨개지다 = 脸红 liǎnhóng)
 →

② 그는 온몸이 땀일 정도로 뛰었어요. (온몸이 땀이다 = 满身是汗 mǎnshēn shì hàn)
 →

정답

① 他气得脸都红了。Tā qì de liǎn dōu hóng le.
② 他跑得满身是汗。Tā pǎo de mǎnshēn shì hàn.

TEST

※ 배운 문장을 기억하여 중국어로 써 보세요.

01. 아이가 무척 기뻐해요.
    →

02. 저 배고파 죽겠어요.
    →

03. 저 피곤해 죽겠어요. (피곤하다: 累 lèi)
    →

04. 이 경기 정말 멋있었어요.
    →

05. 그 아가씨는 아주 예뻐요.
    →

06. 저 다리가 심하게 아파요.
    →

07. 그들은 엄청 긴장했어요.
    →

08. 저 요즘 잘 지내요.
    →

09. 그녀는 어제 늦게 왔어요.
    →

10. 저는 어젯밤에 아주 잘 잤어요.
    →

11. 저는 어제 아주 재미있게 놀았어요.(놀다: 玩 wán, 기쁘다: 开心 kāixīn)
    →

12. 그는 중국어를 유창하게 잘 해요.
    →

13. 그가 걷는 게 아주 빨라요.
    →

14. 할아버지가 담배를 많이 피우세요.
    →

15. 이 글자 틀리게 썼어요.
    →

16. 그가 말하는 게 분명하지 않아요.
    →

17. 제 누나는 예쁘게 생기지 않았어요.
    →

18. 그는 책을 밥 먹는 걸 잊을 정도로 봐요.
    →

19. 그는 얼굴이 빨개질 정도로 화가 났어요.
    →

20. 그는 온몸이 땀일 정도로 뛰었어요.
    →

01. 小孩子高兴极了。 Xiǎoháizi gāoxìng jí le.

02. 我饿死了。 Wǒ è sǐ le.

03. 我累死了。 Wǒ lèi sǐ le.

04. 这场比赛精彩极了。 Zhè chǎng bǐsài jīngcǎi jí le.

05. 那个姑娘漂亮得很。 nàge gūniang piàoliang de hěn.

06. 我腿疼得厉害。 Wǒ tuǐ téng de lìhai.

07. 他们紧张得不得了。 Tāmen jǐnzhāng de bùdeliǎo.

08. 我最近过得很好。 Wǒ zuìjìn guò de hěn hǎo.

09. 她昨天来得很晚。 Tā zuótiān lái de hěn wǎn.

10. 我昨晚睡得很香。 Wǒ zuówǎn shuì de hěn xiāng.

11. 我昨天玩得很开心。 Wǒ zuótiān wán de hěn kāixīn.

12. 他说汉语说得很流利。 Tā shuō Hànyǔ shuō de hěn liúlì.

13. 他走路走得很快。 Tā zǒulù zǒu de hěn kuài.

14. 爷爷抽烟抽得很多。 Yéye chōuyān chōu de hěn duō.

15. 这个字写得不对。 Zhège zì xiě de búduì.

16. 他的话说得不清楚。 Tā de huà shuō de bù qīngchu.

17. 我姐姐长得不漂亮。 Wǒ jiějie zhǎng de bú piàoliang

18. 他看书看得忘了吃饭。 Tā kànshū kàn de wàng le chīfàn.

19. 他气得脸都红了。 Tā qì de liǎn dōu hóng le.

20. 他跑得满身是汗。 Tā pǎo de mǎnshēn shì hàn.

CHAPTER 11

동작의 횟수, 기간에 대해 말하기
- 동량 보어, 시량 보어

Day 087	我吃过一次这个菜。
Day 088	我见过她一次。
Day 089	我去过两次济州岛。
Day 090	他们俩没见过几次。
Day 091	我在北京住了一年。
Day 092	我写作业写了两个小时。
Day 093	我学了三个月的汉语。
Day 094	我当大夫当了二十年了。

DAY 087 ___월 ___일

> 저는 이 음식을 한 번 먹어 봤어요.
> # 我吃过一次这个菜。
> Wǒ chīguo yí cì zhège cài.

설명 「동사+횟수+명사」=「~번 ~을 하다」

我吃过这个菜。 저는 이 음식을 먹어 봤어요.

我吃过一次这个菜。 저는 이 음식을 한 번 먹어 봤어요.

'~번 ~을 하다'라고 동작의 횟수를 말할 때 「동사+횟수+명사」의 형식을 사용합니다. 횟수를 나타내는 말로는 次(번), 遍(번), 一下(좀) 등이 있습니다. 이것을 동량사라고 합니다.

읽으면서 써 보기   (쓰고 √표시)   🎧 mp3 186

☐ 我吃过一次这个菜。
☐
☐
☐

응용해서 써 보기   🎧 mp3 187

① 저 박람회를 한 번 관람한 적 있어요. (번 = 遍 biàn, 박람회 = 展览会 zhǎnlǎnhuì)
  →

② 제가 이 책을 좀 빌려도 될까요? (좀 = 一下 yíxià, 빌리다 = 借 jiè)
  →

정답

① 我看过一遍展览会。Wǒ kànguo yí biàn zhǎnlǎnhuì.
② 我可以借一下这本书吗? Wǒ kěyǐ jiè yíxià zhè běn shū ma?

DAY 088 ___월 ___일

> 저는 그녀를 한 번 본 적이 있어요.
> # 我见过她一次。
> Wǒ jiànguo tā yí cì.

설명 「동사+대명사+횟수」=「~번 ~을 하다」

我见过她。 저는 그녀를 본 적이 있어요.

我见过她一次。 저는 그녀를 한 번 본 적이 있어요.

'~번 ~을 하다'라고 동작의 횟수를 말할 때 목적어가 대명사이면 「동사+대명사+횟수」의 형식을 사용합니다.

읽으면서 써 보기 (쓰고 √표시) 🎧 mp3 188

☐ 我见过她一次。
☐
☐
☐

응용해서 써 보기 🎧 mp3 189

① 저는 그곳에 세 번 가 봤어요. (번 = 次 cì)
  →

② 아버지께서 저를 한 번 혼내셨어요. (혼내다 = 骂 mà, 번 = 顿 dùn)
  →

정답
① 我去过那儿三次。Wǒ qùguo nàr sān cì.
② 爸爸骂了我一顿。Bàba màle wǒ yí dùn.

DAY 089 ___월 ___일

> 저는 제주도에 두 번 가 봤어요.
>
> # 我去过两次济州岛。
>
> Wǒ qùguo liǎng cì Jìzhōudǎo.

설명 「동사+횟수+인명/지명」, 「동사+인명/지명+횟수」= 「~번 ~을 하다」

我去过济州岛。 저는 제주도에 가 봤어요.

我去过两次济州岛。/我去过济州岛两次。 저는 제주도에 두 번 가 봤어요.

'~번 ~을 하다'라고 동작의 횟수를 말할 때 목적어가 인명이나 지명이면 횟수를 앞에 써도 되고 뒤에 써도 됩니다.

읽으면서 써 보기 (쓰고 √표시) 🎧 mp3 190

☐ 我去过两次济州岛。
☐
☐
☐

응용해서 써 보기 🎧 mp3 191

① 어제 나는 샤오리를 한 번 만났어요. (샤오리 = 小李 Xiǎo Lǐ)

　→

② 저는 예전에 뉴욕에 세 번 가 봤어요. (예전 = 以前 yǐqián)

　→

정답

① 昨天我见过一次小李。 Zuótiān wǒ jiànguo yí cì Xiǎo Lǐ.
② 我以前去过三次纽约。 Wǒ yǐqián qùguo sān cì Niǔyuē.

DAY 090 ___월 ___일

> 그들 둘은 몇 번 안 만났어요.
> # 他们俩没见过几次。
> Tāmen liǎ méi jiànguo jǐ cì.

설명 「没+동사+几+次/遍」=「몇 번 안 ~하다」

他们俩见过一次。 그들 둘은 한 번 만났어요.
他们俩没见过几次。 그들 둘은 몇 번 안 만났어요.

'몇 번 안 ~하다'라고 적은 횟수를 말할 때 「没+동사+几+次/遍」의 형식을 사용합니다.

읽으면서 써 보기 (쓰고 √ 표시)   🎧 mp3 192

☐ 他们俩没见过几次。
☐
☐
☐

응용해서 써 보기   🎧 mp3 193

① 경복궁에 저는 몇 번 안 가 봤어요. (경복궁 = 景福宫 Jǐngfúgōng)
   →

② 그는 몇 번 안 보고 바로 외웠어요. (번 = 遍 biàn, 외우다 = 背 bèi)
   →

> **정답**
> ① 景福宫我没去过几次。Jǐngfúgōng wǒ méi qùguo jǐ cì.
> ② 他没看几遍，就会背了。Tā méi kàn jǐ biàn, jiù huì bèi le.

DAY 091 ___월 ___일

> 저는 북경에서 1년 동안 살았어요.
> # 我在北京住了一年。
> Wǒ zài Běijīng zhùle yì nián.

설명 「동사+기간」=「~동안 ~하다」
我在北京住 나는 북경에서 살다
我在北京住了一年。 저는 북경에서 1년 동안 살았어요.(현재는 살고 있지 않음)
'~동안 ~하다'라고 동작의 기간을 말할 때 「동사+기간」의 형식을 사용합니다.

읽으면서 써 보기 (쓰고 √ 표시)   mp3 194

☐ 我在北京住了一年。
☐
☐
☐

응용해서 써 보기   mp3 195

① 저는 어제 두 시간 잤어요. (자다 = 睡 shuì)
  →

② 파티를 세 시간 동안 했어요. (파티 = 宴会 yànhuì, 진행하다 = 进行 jìnxíng)
  →

정답
① 我昨天睡了两个小时。Wǒ zuótiān shuìle liǎng ge xiǎoshí.
② 宴会进行了三个小时。Yànhuì jìnxíngle sān ge xiǎoshí.

DAY 092 ___월 ___일

> 저는 2시간 동안 숙제를 했어요.
>
> # 我写作业写了两个小时。
>
> Wǒ xiě zuòyè xiěle liǎng ge xiǎoshí.

설명 「동사+명사+동사+기간」 = 「~동안 ~하다」

我写作业。 저는 숙제를 해요.

我写作业写了两个小时。 저는 2시간 동안 숙제를 했어요. (현재는 하고 있지 않음)

'~동안 ~하다'라고 동작의 기간을 말할 때 목적어가 있으면 「동사+명사+동사+기간」의 형식을 사용합니다.

읽으면서 써 보기 (쓰고 √표시)　　　　　🎧 mp3 196

☐ 我写作业写了两个小时。
☐
☐
☐

응용해서 써 보기　　　　　🎧 mp3 197

① 저는 차를 40분 동안 탔어요. (40분 = 四十分钟 sìshí fēnzhōng)
　→

② 저는 중국어를 반년 동안 배웠어요. (반년 = 半年 bànnián)
　→

정답

① 我坐车坐了四十分钟。 Wǒ zuòchē zuòle sìshí fēnzhōng.
② 我学汉语学了半年。 Wǒ xué Hànyǔ xuéle bànnián.

DAY 093 ___월 ___일

> 저는 3개월 동안 중국어를 배웠어요.
>
> # 我学了三个月的汉语。
>
> Wǒ xuéle sān ge yuè de Hànyǔ.

설명 「동사+기간+的+명사」=「~동안 ~하다」

我学汉语。 저는 중국어를 배워요.

我学了三个月的汉语。 저는 3개월 동안 중국어를 배웠어요.(현재는 배우고 있지 않음)

'~동안 ~하다'라고 동작의 기간을 말할 때 목적어가 있으면 「동사+기간+的+명사」의 형식도 사용할 수 있습니다.

읽으면서 써 보기 (쓰고 √표시)　　　　　　　　　　　　🎧 mp3 198

☐ 我学了三个月的汉语。
☐
☐
☐

응용해서 써 보기　　　　　　　　　　　　🎧 mp3 199

① 저는 하루 동안 TV를 봤어요. (하루 = 一天 yì tiān)

　→

② 저는 30분 동안 음악을 들었어요. (30분 = 半个小时 bàn ge xiǎoshí)

　→

정답

① 我看了一天的电视。Wǒ kànle yì tiān de diànshì.
② 我听了半个小时的音乐。Wǒ tīngle bàn ge xiǎoshí de yīnyuè.

DAY 094 ___월 ___일

> 저는 의사가 된 지 20년이 됐어요.
> # 我当大夫当了二十年了。
> Wǒ dāng dàifu dāngle èrshí nián le.

설명 「동사+了+기간+了」 = 「~한 지 ~이 되다, ~째 ~하고 있다」
我当大夫 나는 의사가 되다
我当大夫当了二十年了。 저는 의사가 된 지 20년이 됐어요. (지금도 계속)
'~한 지 ~이 되다, ~째 ~하고 있다'라고 동작의 기간을 말할 때 지금까지 계속하고 있는 일이면 「동사+了+기간+了」의 형식을 사용합니다.

읽으면서 써 보기   (쓰고 √표시)   🎧 mp3 200

☐ 我当大夫当了二十年了。
☐
☐
☐

응용해서 써 보기   🎧 mp3 201

① 이 책을 제가 읽은 지 3일이 됐어요. (3일 = 三天 sān tiān)
   →

② 그가 너를 한 시간째 기다리고 있어. (한 시간 = 一个小时 yí ge xiǎoshí)
   →

정답
① 这本书，我看了三天了。 Zhè běn shū, wǒ kànle sān tiān le.
② 他等你等了一个小时了。 Tā děng nǐ děngle yí ge xiǎoshí le.

TEST

※ 배운 문장을 기억하여 중국어로 써 보세요.

01. 저는 이 음식을 한 번 먹어 봤어요.
    →

02. 저 박람회를 한 번 관람한 적 있어요.
    →

03. 제가 이 책을 좀 빌려도 될까요?
    →

04. 저는 그녀를 한 번 본 적이 있어요.
    →

05. 저는 그곳에 세 번 가 봤어요.
    →

06. 아버지께서 저를 한 번 혼내셨어요.
    →

07. 저는 제주도에 두 번 가 봤어요.
    →

08. 어제 나는 샤오리를 한 번 만났어요.(샤오리: 小李 Xiǎo Lǐ)
    →

09. 저는 예전에 뉴욕에 세 번 가 봤어요.
    →

10. 그들 둘은 몇 번 안 만났어요.
    →

11. 경복궁에 저는 몇 번 안 가 봤어요.
    →

12. 그는 몇 번 안 보고 바로 외웠어요.
    →

13. 저는 북경에서 1년 동안 살았어요.(현재는 살고 있지 않음)
    →

14. 저는 어제 두 시간 잤어요.
    →

15. 저는 2시간 동안 숙제를 했어요.(현재는 하고 있지 않음)
    →

16. 저는 중국어를 반년 동안 배웠어요.(현재는 배우고 있지 않음)
    →

17. 저는 3개월 동안 중국어를 배웠어요.(현재는 배우고 있지 않음)
    →

18. 저는 하루 동안 TV를 봤어요.(현재는 보고 있지 않음)
    →

19. 저는 의사가 된 지 20년이 됐어요.(지금도 계속)
    →

20. 그가 너를 한 시간째 기다리고 있어.(지금도 계속)
    →

TEST 정답

01. 我吃过一次这个菜。　Wǒ chīguo yí cì zhège cài.

02. 我看过一遍展览会。　Wǒ kànguo yí biàn zhǎnlǎnhuì.

03. 我可以借一下这本书吗？　Wǒ kěyǐ jiè yíxià zhè běn shū ma?

04. 我见过她一次。　Wǒ jiànguo tā yí cì.

05. 我去过那儿三次。　Wǒ qùguo nàr sān cì.

06. 爸爸骂了我一顿。　Bàba màle wǒ yí dùn.

07. 我去过两次济州岛。　Wǒ qùguo liǎng cì Jìzhōudǎo.

08. 昨天我见过一次小李。　Zuótiān wǒ jiànguo yí cì Xiǎo Lǐ.

09. 我以前去过三次纽约。　Wǒ yǐqián qùguo sān cì Niǔyuē.

10. 他们俩没见过几次。　Tāmen liǎ méi jiànguo jǐ cì.

11. 景福宫我没去过几次。　Jǐngfúgōng wǒ méi qùguo jǐ cì.

12. 他没看几遍，就会背了。　Tā méi kàn jǐ biàn, jiù huì bèi le.

13. 我在北京住了一年。　Wǒ zài Běijīng zhùle yì nián.

14. 我昨天睡了两个小时。　Wǒ zuótiān shuìle liǎng ge xiǎoshí.

15. 我写作业写了两个小时。　Wǒ xiě zuòyè xiěle liǎng ge xiǎoshí.

16. 我学汉语学了半年。　Wǒ xué Hànyǔ xuéle bànnián.

17. 我学了三个月的汉语。　Wǒ xuéle sān ge yuè de Hànyǔ.

18. 我看了一天的电视。　Wǒ kànle yì tiān de diànshì.

19. 我当大夫当了二十年了。　Wǒ dāng dàifu dāngle èrshí nián le.

20. 他等你等了一个小时了。　Tā děng nǐ děngle yí ge xiǎoshí le.

CHAPTER 12

대략의 수, 불특정한 것 말하기
- 左右、两三、几、多、有

Day 095	我十点左右睡觉。
Day 096	我睡了两三个小时。
Day 097	我每天背十几个生词。
Day 098	坐飞机需要一个多小时。
Day 099	有人曾经说过这句话。
Day 100	他有时候真像个小孩儿。

DAY 095 ___월 ___일

저는 열 시쯤 자요.

我十点左右睡觉。

Wǒ shí diǎn zuǒyòu shuìjiào.

설명 「~左右」=「~쯤, 정도」

我十点睡觉。 저는 열 시에 자요.
我十点左右睡觉。 저는 열 시쯤 자요.

'~쯤, 정도'라고 대략의 수를 말할 때 수량사(숫자+양사) 뒤에 左右를 사용합니다. 열 시쯤(十点左右), 일 년 정도(一年左右) 등으로 말합니다.

읽으면서 써 보기 (쓰고 √표시)   mp3 202

☐ 我十点左右睡觉。
☐
☐
☐

응용해서 써 보기   mp3 203

① 저는 5일 정도의 시간이 필요해요. (필요하다 = 需要 xūyào)
 →

② 저는 저녁 여덟 시쯤 집에 가요. (집에 가다 = 回家 huíjiā)
 →

정답

① 我需要五天左右的时间。 Wǒ xūyào wǔ tiān zuǒyòu de shíjiān.
② 我晚上八点左右回家。 Wǒ wǎnshang bā diǎn zuǒyòu huíjiā.

DAY 096 ___월 ___일

저는 **두세** 시간 잤어요.

我睡了两三个小时。

Wǒ shuìle liǎng sān ge xiǎoshí.

설명 「两三~」=「두세~(연이은 숫자)」

我睡了两个小时。 저는 두 시간 잤어요.
我睡了两三个小时。 저는 두세 시간 잤어요.

대략의 수를 말할 때 숫자를 나열할 수 있습니다. 두세 개(两三个), 네다섯 명(四五个人) 등으로 말합니다.

읽으면서 써 보기 (쓰고 √표시)   mp3 204

☐ 我睡了两三个小时。
☐
☐
☐

응용해서 써 보기   mp3 205

① 그 아이는 대략 대여섯 살이에요. (대략 = 大约 dàyuē)

→

② 교실에 서너 명의 사람이 있어요. (교실 = 教室 jiàoshì)

→

정답

① 那个孩子大约五六岁。Nàge háizi dàyuē wǔ liù suì.
② 教室里有三四个人。Jiàoshì li yǒu sān sì ge rén.

DAY 097 ___월 ___일

> 저는 매일 열몇 개의 단어를 외워요.
>
> # 我每天背十几个生词。
>
> Wǒ měitiān bèi shí jǐ ge shēngcí.

설명　「几」=「몇, 수」

我每天背十五个生词。 저는 매일 열다섯 개의 단어를 외워요.
我每天背十几个生词。 저는 매일 열몇 개의 단어를 외워요.

대략의 수를 말할 때 几를 사용할 수 있습니다. 수십 개(几十个), 몇백 명(几百个人) 등으로 말합니다.

읽으면서 써 보기　(쓰고 √표시)　　　　　　　　　　🎧 mp3 206

☐ 我每天背十几个生词。
☐
☐
☐

응용해서 써 보기　　　　　　　　　　🎧 mp3 207

① 그는 열몇 명의 사람을 데리고 왔어요. (데리다, 이끌다 = 带 dài)
→

② 수십 개의 기관이 세미나에 참가해요. (기관 = 单位 dānwèi)
→

정답

① 他带着十几个人来了。Tā dàizhe shí jǐ ge rén lái le.
② 几十个单位参加研讨会。Jǐ shí ge dānwèi cānjiā yántǎohuì.

DAY 098 ___월 ___일

> 비행기 타고 한 시간 이상 걸려요.
>
> # 坐飞机需要一个多小时。
>
> Zuò fēijī xūyào yí ge duō xiǎoshí.

설명 「~多」=「~이상, ~여」

坐飞机需要一个小时。 비행기 타고 한 시간 걸려요.

坐飞机需要一个多小时。 비행기 타고 한 시간 이상 걸려요.

'~이상'이라고 초과된 것을 말할 때 수량사 뒤에 多를 사용합니다. 한 시간 이상(一个多小时), 일 년 이상(一年多), 한 달 이상(一个多月) 등으로 말합니다.

읽으면서 써 보기 (쓰고 √표시)   mp3 208

☐ 坐飞机需要一个多小时。
☐
☐
☐

응용해서 써 보기   mp3 209

① 저는 중국어를 일 년 이상 배웠어요. (중국어를 배우다 = 学汉语 xué Hànyǔ)

   →

② 그 핸드백은 만 위안 이상이에요. (핸드백 = 手提包 shǒutíbāo)

   →

정답

① 我学汉语学了一年多。Wǒ xué Hànyǔ xuéle yì nián duō.
② 那个手提包值一万多块钱。Nàge shǒutíbāo zhí yíwàn duō kuài qián.

DAY 099 ___월 ___일

> 어떤 사람이 이 말을 한 적이 있어요.
> # 有人曾经说过这句话。
> Yǒurén céngjīng shuōguo zhè jù huà.

설명 「有人」=「어떤 사람」

他曾经说过这句话。 그가 이 말을 한 적이 있어요.
有人曾经说过这句话。 어떤 사람이 이 말을 한 적이 있어요.

'어떤'이라고 불특정한 대상을 말할 때 有를 사용합니다. 어떤 사람(有人), 어느 날(有一天) 등이 있습니다.

읽으면서 써 보기 (쓰고 √표시) mp3 210

☐ 有人曾经说过这句话。
☐
☐
☐

응용해서 써 보기 mp3 211

① 어떤 사람이 제게 꽃 한 송이를 줬어요. (꽃 한 송이 = 一朵花 yì duǒ huā)
→

② 밖에 어떤 사람이 문을 두드려요. (문을 두드리다 = 敲门 qiāo mén)
→

정답
① 有人送我一朵花。Yǒurén sòng wǒ yì duǒ huā.
② 外面有人敲门。Wàimiàn yǒurén qiāo mén.

DAY 100 ___월 ___일

> 그는 가끔 정말 어린 아이 같아요.
> # 他有时候真像个小孩儿。
> Tā yǒushíhou zhēn xiàng ge xiǎoháir.

설명 「有时候」=「가끔, 어떤 때」

他真像个小孩儿。 그는 정말 어린 아이 같아요.

他有时候真像个小孩儿。 그는 가끔 정말 어린 아이 같아요.

'가끔, 어떤 때'이라고 불특정한 시기를 말할 때 有时候를 사용합니다.

읽으면서 써 보기 (쓰고 √표시)   🎧 mp3 212

☐ 他有时候真像个小孩儿。
☐
☐
☐

응용해서 써 보기   🎧 mp3 213

① 저는 가끔 밤새워 책을 봐요. (밤새우다 = 熬夜 áoyè)
  →

② 그녀는 가끔 아무 이유 없이 화를 내요. (아무 이유 없다 = 无缘无故 wúyuánwúgù)
  →

정답
① 我有时候熬夜看书。Wǒ yǒushíhou áoyè kànshū.
② 她有时候无缘无故地生气。Tā yǒushíhou wúyuánwúgù de shēngqì.

TEST

※ 배운 문장을 기억하여 중국어로 써 보세요.

01. 저는 열 시쯤 자요.
    →

02. 저는 일곱 시쯤 일어나요.(일어나다: 起床 qǐchuáng)
    →

03. 저는 5일 정도의 시간이 필요해요.
    →

04. 저는 저녁 여덟 시쯤 집에 가요.
    →

05. 저는 두세 시간 잤어요.
    →

06. 그 아이는 대략 대여섯 살이에요.
    →

07. 교실에 서너 명의 사람이 있어요.
    →

08. 저는 매일 열몇 개의 단어를 외워요.
    →

09. 그는 열몇 명의 사람을 데리고 왔어요.
    →

10. 수십 개의 기관이 세미나에 참가해요.
    →

11. 비행기 타고 한 시간 이상 걸려요.
    →

12. 저는 중국어를 일 년 이상 배웠어요.
    →

13. 저는 한국어를 한 달 이상 배웠어요.(한국어: 韩语 Hányǔ)
    →

14. 그 핸드백은 만 위안 이상이에요.
    →

15. 어떤 사람이 이 말을 한 적이 있어요.
    →

16. 어떤 사람이 제게 꽃 한 송이를 줬어요.
    →

17. 밖에 어떤 사람이 문을 두드려요.
    →

18. 그는 가끔 정말 어린 아이 같아요.
    →

19. 저는 가끔 밤새워 책을 봐요.
    →

20. 그녀는 가끔 아무 이유 없이 화를 내요.
    →

TEST 정답

01. 我十点左右睡觉。 Wǒ shí diǎn zuǒyòu shuìjiào.
02. 我七点左右起床。 Wǒ qī diǎn zuǒyòu qǐchuáng.
03. 我需要五天左右的时间。 Wǒ xūyào wǔtiān zuǒyòu de shíjiān.
04. 我晚上八点左右回家。 Wǒ wǎnshang bā diǎn zuǒyòu huíjiā.
05. 我睡了两三个小时。 Wǒ shuìle liǎng sān ge xiǎoshí.
06. 那个孩子大约五六岁。 Nàge háizi dàyuē wǔ liù suì.
07. 教室里有三四个人。 Jiàoshì li yǒu sān sì ge rén.
08. 我每天背十几个生词。 Wǒ měitiān bèi shí jǐ ge shēngcí.
09. 他带着十几个人来了。 Tā dàizhe shí jǐ ge rén lái le.
10. 几十个单位参加研讨会。 Jǐ shí ge dānwèi cānjiā yántǎohuì.
11. 坐飞机需要一个多小时。 Zuò fēijī xūyào yí ge duō xiǎoshí.
12. 我学汉语学了一年多。 Wǒ xué Hànyǔ xuéle yì nián duō.
13. 我学韩语学了一个多月。 Wǒ xué Hányǔ xuéle yí ge duō yuè.
14. 那个手提包值一万多块钱。 Nàge shǒutíbāo zhí yíwàn duō kuài qián.
15. 有人曾经说过这句话。 Yǒurén céngjīng shuōguo zhè jù huà.
16. 有人送我一朵花。 Yǒurén sòng wǒ yì duǒ huā.
17. 外面有人敲门。 Wàimiàn yǒurén qiāo mén.
18. 他有时候真像个小孩儿。 Tā yǒushíhou zhēn xiàng ge xiǎoháir.
19. 我有时候熬夜看书。 Wǒ yǒushíhou áoyè kànshū.
20. 她有时候无缘无故地生气。 Tā yǒushíhou wúyuánwúgù de shēngqì.

부록

- 단어 주석

A

爱	ài	동	사랑하다
安静	ānjìng	형	조용하다
熬夜	áoyè	동	밤을 새다

B

把	bǎ	양	개(우산 등을 세는 단위)
吧	ba	초	문장 끝에 쓰여 명령의 어기를 나타냄
白酒	báijiǔ	명	백주
半	bàn	수	2분의 1
办公室	bàngōngshì	명	사무실
帮助	bāngzhù	동	돕다
北京	Běijīng	명	북경, 베이징
背	bèi	동	암송하다, 외다
本	běn	양	권(책을 세는 단위)
笔	bǐ	명	펜, 필기구
比	bǐ	개	~에 비하여, ~보다
比赛	bǐsài	명	시합, 경기
闭嘴	bì zuǐ		입을 다물다
遍	biàn	양	번, 회(동작이 시작되어 끝날 때까지의 전 과정을 세는 단위)
别	bié	부	~하지 마라
别人	biérén	명	다른 사람
病	bìng	명 병 동 병나다
不得了	bùdeliǎo	형	매우 심하다
不如	bùrú	동	~만 못하다, ~하는 편이 낫다
不亚于	búyàyú	형	~에 못지않다, ~에 뒤지지 않다
部	bù	양	편(영화, 서적 등을 세는 단위)

C

才	cái	부	~에야, ~에야 비로소
菜	cài	명	요리
才干	cáigàn	명	재능, 일하는 능력
参加	cānjiā	동	참가하다, 참석하다
餐厅	cāntīng	명	식당
层	céng	양	층(건물이나 쌓여 있는 것 세는 단위)
曾经	céngjīng	부	일찍이, 이미
差(一)点儿	chà yìdiǎnr	부	하마터면
尝	cháng	동	맛보다
场	chǎng	양	번, 차례(공연, 경기 등 세는 단위)
唱歌	chànggē	동	노래를 부르다
畅销	chàngxiāo		잘 팔리다, 매상이 좋다
超市	chāoshì	명	마트, 슈퍼마켓
称	chēng	동	부르다, 불리우다
成绩	chéngjì	명	성적
迟到	chídào	동	지각하다
抽烟	chōuyān	동	담배를 피우다
出国	chūguó	동	외국에 가다
穿	chuān	동	입다, 착용하다
次	cì	양	회, 번(동작의 횟수를 세는 단위)
聪明	cōngming	형	똑똑하다, 영리하다
错	cuò	형	틀리다, 맞지 않다

D

答应	dāying	동	대답하다, 승낙하다
打开	dǎkāi	동	열다, 켜다
打扫	dǎsǎo	동	청소하다

打算	dǎsuàn	(동) ~하려고 하다, ~할 작정이다		朵	duǒ	(양) 송이(꽃, 구름 등을 세는 단위)
大	dà	(형) 크다, 연상이다		**E**		
大约	dàyuē	(부) 대략		饿	è	(형) 배고프다
带	dài	(동) 인도하다, 데리다, 휴대하다		**F**		
大夫	dàifu	(명) 의사		饭	fàn	(명) 밥
单位	dānwèi	(명) 단체, 기관		方便面	fāngbiànmiàn	(명) 인스턴트 라면
当	dāng	(동) 맡다, ~이 되다		房间	fángjiān	(명) 방
到	dào	(동) 도착하다 (개) ~에, ~까지		放假	fàngjià	(동) 휴가로 쉬다, 방학하다
道	dào	(양) 번(순서가 있는 요리를 세는 단위)		飞机	fēijī	(명) 비행기
				分钟	fēnzhōng	(명) 분
到达	dàodá	(동) 도착하다, 도달하다		封	fēng	(양) 통(편지 등을 세는 단위)
到底	dàodǐ	(부) 도대체		付	fù	(동) 지불하다
的	de	(조) ~의(수식, 종속관계를 나타냄) (조) ~의 것(명사화시킴)		附近	fùjìn	(명) 부근, 근처
				负责人	fùzérén	(명) 책임자
地	de	(조) ~하게(부사어로 쓰여 동사나 형용사를 수식함)		**G**		
				感动	gǎndòng	(동) 감동하다
等	děng	(동) 기다리다		感冒	gǎnmào	(동) 감기에 걸리다
低头	dī tóu	(동) 머리를 숙이다		干	gàn	(동) (일을) 하다
弟弟	dìdi	(명) 아우, 남동생		刚刚	gānggāng	(부) 방금, 막
地铁	dìtiě	(명) 지하철		高	gāo	(형) 높다
地铁站	dìtiězhàn	(명) 지하철역		高兴	gāoxìng	(형) 기쁘다, 즐겁다
电影	diànyǐng	(명) 영화		告诉	gàosu	(동) 알리다
冬天	dōngtiān	(명) 겨울		歌手	gēshǒu	(명) 가수
锻炼	duànliàn	(동) (몸과 마음을) 단련하다		给	gěi	(동) 주다 (개) ~에게
对	duì	(형) 맞다, 옳다		跟	gēn	(개) ~와
顿	dùn	(양) 번, 끼니(식사, 질책 등의 횟수를 세는 단위)		更	gèng	(부) 더욱
				公交车	gōngjiāochē	(명) 버스
多	duō	(형) (수량이) 많다		估计	gūjì	(동) 예측하다, 추정하다
多少	duōshao	(대) 얼마, 몇				

姑娘	gūniang	몡 아가씨	
故事	gùshi	몡 이야기	
管闲事	guǎn xiánshì	쓸데없이 참견하다, 자기와 무관한 남의 일에 간섭하다	
贵	guì	혱 비싸다	
国家	guójiā	몡 나라, 국가	
过来	guòlái	동 오다	
过敏	guòmǐn	몡 알레르기	
过	guo	조 동사 뒤에 놓여 과거의 경험을 나타냄	

H

还	hái	부 아직, 여전히
还是	háishi	부 ~하는 편이 더 좋다
孩子	háizi	몡 아동, 아이
害怕	hàipà	동 두려워하다
韩国	Hánguó	몡 한국
好好	hǎohāo	부 잘, 충분히
好像	hǎoxiàng	동 마치 ~과 같다
贺卡	hèkǎ	몡 축하 카드
很	hěn	부 아주, 매우
花钱	huāqián	동 돈을 쓰다
画画(儿)	huà huàr	동 그림을 그리다
画家	huàjiā	몡 화가
回家	huíjiā	동 집으로 돌아가다, 귀가하다
回来	huílái	동 돌아오다
会	huì	동 ~할 줄 알다 동 ~할 것이다
汇款	huìkuǎn	동 송금하다
会议	huìyì	몡 회의

J

几	jǐ	수 몇(대개 10 이하의 수를 물을 때 쓰임)
及格	jígé	동 합격하다
极了	jí le	부 극히, 매우
济州岛	Jìzhōudǎo	몡 제주도
记住	jìzhù	동 기억하다
加班	jiābān	동 초과 근무하다
夹菜	jiācài	음식을 집다
件	jiàn	양 건, 벌(일, 옷 등을 세는 단위)
见	jiàn	동 보다, 만나다
见面	jiànmiàn	동 만나다, 대면하다
教	jiāo	동 가르치다
交谈	jiāotán	동 이야기를 나누다
交往	jiāowǎng	동 교제하다
叫	jiào	동 ~하게 하다
教室	jiàoshì	몡 교실
结婚	jiéhūn	동 결혼하다
结束	jiéshù	동 끝나다, 마치다
借	jiè	동 빌리다, 빌려주다
金钱	jīnqián	몡 금전, 돈
紧张	jǐnzhāng	혱 긴장해 있다
进步	jìnbù	동 진보하다, 발전하다
进来	jìnlái	동 들어오다
进行	jìnxíng	동 진행하다, (어떤 활동을) 하다
精彩	jīngcǎi	혱 뛰어나다, 훌륭하다
经常	jīngcháng	부 늘, 항상
景福宫	Jǐngfúgōng	몡 경복궁
酒	jiǔ	몡 술

就	jiù	분 곧, 바로(아주 짧은 시간 내에 이루어짐을 나타냄)		俩	liǎ	두 개, 두 사람
		분 바로, 틀림없이(사실이 바로 그렇다는 것을 표시함)		脸红	liǎnhóng	형 얼굴이 붉어지다
				两	liǎng	수 2, 둘
句	jù	양 마디(말, 글 등을 세는 단위)		辆	liàng	양 대(차량을 세는 단위)
				聊	liáo	동 한담하다, 잡담하다
觉得	juéde	동 ~라고 느끼다, ~라고 생각하다		流利	liúlì	형 유창하다
				楼	lóu	명 다층 건물, 층
				楼梯	lóutī	명 계단
K				旅游	lǚyóu	동 여행하다
咖啡	kāfēi	명 커피		绿茶	lùchá	명 녹차
开车	kāichē	동 운전하다				
开始	kāishǐ	동 시작하다		**M**		
开玩笑	kāi wánxiào	동 농담하다		马上	mǎshàng	분 곧, 즉시
开心	kāixīn	형 유쾌하다, 즐겁다		骂	mà	동 꾸짖다
开走	kāizǒu	동 차가 떠나다		吗	ma	조 문장 끝에 쓰여 의문을 나타냄
看医生	kàn yīshēng	의사를 찾아 치료를 받다				
考试	kǎoshì	동 시험을 보다		满身是汗	mǎnshēn shì hàn	온몸이 땀투성이다
可以	kěyǐ	동 ~할 수 있다		没有	méiyǒu	분 않다(과거의 경험, 사실을 부정함)
		동 ~해도 좋다				
快	kuài	형 (속도가) 빠르다		每天	měitiān	명 매일
筷子	kuàizi	명 젓가락		秘密	mìmì	명 비밀
				面包	miànbāo	명 빵
L				明天	míngtiān	명 내일
老样子	lǎoyàngzi	명 옛 모습		明显	míngxiǎn	형 뚜렷하다, 분명하다
了	le	조 동작이 완료되었음을 나타냄		末班车	mòbānchē	명 막차
		조 변화, 새로운 상황의 출현을 표시함		**N**		
				拿	ná	동 (손에) 쥐다, 가지다
累	lèi	형 지치다, 피곤하다		哪儿	nǎr	대 어디, 어느 곳
冷	lěng	형 춥다		那么	nàme	대 그렇게, 저렇게(성질, 정도 등)
厉害	lìhai	형 대단하다, 심하다				
礼物	lǐwù	명 선물		那样	nàyàng	대 그렇게, 저렇게(성질, 방식, 상태 등)

단어 주석

呢	ne	(초) 문장 끝에 쓰여 동작이나 상태가 계속되고 있음을 나타냄
能	néng	(동) ~할 수 있다
年	nián	(명) 년, 해
念	niàn	(동) (소리 내어) 읽다, 낭독하다
纽约	Niǔyuē	(명) 뉴욕
牛仔裤	niúzǎikù	(명) 청바지
女儿	nǚér	(명) 딸
努力	nǔlì	(동) 노력하다, 힘쓰다

P

爬山	páshān	(동) 등산하다
跑	pǎo	(동) 달리다, 뛰다
佩服	pèifú	(동) 탄복하다, 감탄하다
朋友	péngyou	(명) 친구
便宜	piányi	(형) 싸다
票	piào	(명) 표, 티켓
漂亮	piàoliang	(형) 아름답다, 예쁘다
瓶	píng	(양) 병(병을 세는 단위)
苹果	píngguǒ	(명) 사과
平时	píngshí	(명) 평소, 평상시

Q

奇怪	qíguài	(형) 이상하다, 의아하다
起床	qǐchuáng	(동) 일어나다, 기상하다
起飞	qǐfēi	(동) 이륙하다
气	qì	(동) 성내다, 화내다
千万	qiānwàn	(부) 부디, 제발
谦虚	qiānxū	(형) 겸허하다
敲门	qiāo mén	문을 두드리다, 노크하다
清楚	qīngchu	(형) 분명하다, 명확하다
请	qǐng	(동) 초청하다, 초대하다
去年	qùnián	(명) 작년, 지난 해

R

让	ràng	(동) ~하도록 시키다, ~하게 하다
热	rè	(형) 덥다, 뜨겁다
人数	rénshù	(명) 사람 수
认为	rènwéi	(동) 여기다, 생각하다
认真	rènzhēn	(형) 진지하다, 성실하다
日记	rìjì	(명) 일기

S

色彩	sècǎi	(명) 색채
上	shàng	(동) (높은 곳이나 탈 것에) 오르다 / (동) (어떤 곳으로) 가다
上车	shàngchē	차를 타다
商品	shāngpǐn	(명) 상품
谁	shéi	(대) 누구
身体	shēntǐ	(명) 신체, 몸
什么	shénme	(대) 무엇, 무슨
什么时候	shénme shíhou	언제
生气	shēngqì	(동) 화내다, 성내다
身高	shēngāo	(명) 신장, 키
生词	shēngcí	(명) 새 단어
声音	shēngyīn	(명) 소리
失望	shīwàng	(동) 실망하다, 낙담하다
时间	shíjiān	(명) 시간
使	shǐ	(동) ~하게 하다, ~시키다
事	shì	(명) 일
事实	shìshí	(명) 사실
手洗	shǒuxǐ	(동) 손세탁을 하다

手提包	shǒutíbāo	명 핸드백		同事	tóngshì	명 동료, 동업자
瘦	shòu	형 마르다, 여위다		同学	tóngxué	명 학우, 동급생
蔬菜	shūcài	명 야채		投缘	tóuyuán	동 마음이 맞다
舒服	shūfu	형 편안하다, 쾌적하다		腿	tuǐ	명 다리
树	shù	명 나무		退货	tuìhuò	동 반품하다
数学	shùxué	명 수학				
				W		
刷卡	shuākǎ	카드로 결제하다		晚	wǎn	형 늦다
摔倒	shuāidǎo	동 자빠지다, 엎어지다		晚饭	wǎnfàn	명 저녁밥
水平	shuǐpíng	명 수준		晚上	wǎnshang	명 저녁
睡	shuì	동 (잠을) 자다		忘	wàng	동 잊다, 망각하다
睡觉	shuìjiào	동 잠을 자다		为	wéi	동 ~으로 삼다, ~가 되다
说谎	shuōhuǎng	동 거짓말하다		味道	wèidao	명 맛
死	sǐ	형 ~해 죽겠다, 몹시		为什么	wèishénme	대 왜, 어째서
送	sòng	동 보내다, 선물하다		卫生	wèishēng	형 위생적이다, 깨끗하다
素食主义者	sùshízhǔyìzhě	채식주의자		闻	wén	동 듣다
岁	suì	양 세, 살(나이를 세는 단위)		问	wèn	동 묻다
				问题	wèntí	명 문제, 질문
				无缘无故	wúyuánwúgù	아무 이유도 없다
T				午饭	wǔfàn	명 점심밥
T恤衫	T xùshān	명 티셔츠		物价	wùjià	명 물가
太	tài	부 매우, 너무				
谈	tán	동 말하다, 이야기하다		**X**		
躺	tǎng	동 눕다		西瓜	xīguā	명 수박
特别	tèbié	부 특히, 아주		希望	xīwàng	동 희망하다 명 희망
疼	téng	동 아프다		洗	xǐ	동 씻다
体力	tǐlì	명 체력, 힘		喜欢	xǐhuan	동 좋아하다
天	tiān	명 하루, 날		洗手间	xǐshǒujiān	명 화장실
天气	tiānqì	명 날씨		下班	xiàbān	동 퇴근하다
铁公鸡	tiěgōngjī	명 구두쇠, 인색한 사람		下次	xiàcì	명 다음 번
听说	tīngshuō	동 듣자하니 ~라 한다		下课	xiàkè	동 수업이 끝나다
停电	tíngdiàn	동 정전되다				

단어주석

夏天	xiàtiān	몡 여름	
下雪	xiàxuě	통 눈이 내리다	
下雨	xiàyǔ	통 비가 오다	
先	xiān	튀 우선, 먼저	
现金	xiànjīn	몡 현금	
香	xiāng	형 (장이) 달콤하다	
香菜	xiāngcài	몡 고수	
香港	Xiānggǎng	몡 홍콩	
箱子	xiāngzi	몡 상자	
想	xiǎng	통 바라다, ~하고 싶다	
像	xiàng	통 마치 ~과 같다	
消息	xiāoxi	몡 정보, 소식	
小时	xiǎoshí	몡 시간	
小心	xiǎoxīn	통 조심하다, 주의하다	
些	xiē	양 약간, 조금	
鞋子	xiézi	몡 신발	
写	xiě	통 쓰다	
新	xīn	형 새롭다	
心	xīn	몡 마음	
信	xìn	몡 편지	
幸运	xìngyùn	형 운이 좋다	
兄弟姐妹	xiōngdìjiěmèi	형제자매	
学习	xuéxí	통 학습하다, 공부하다	
需要	xūyào	통 필요로 하다, 요구되다	

Y

压力	yālì	몡 압력, 스트레스
颜色	yánsè	몡 색채, 색
研讨会	yántǎohuì	몡 연구 토론회
宴会	yànhuì	몡 연회, 파티
要求	yāoqiú	통 요구하다 몡 요구
谣传	yáochuán	몡 루머, 풍설
药	yào	몡 약
钥匙	yàoshi	몡 열쇠
爷爷	yéye	몡 할아버지
衣服	yīfu	몡 옷
医生	yīshēng	몡 의사
一共	yígòng	튀 전부, 모두
一下	yíxià	양 시험 삼아 해 보다, 좀 하다
一样	yíyàng	형 같다, 동일하다
已经	yǐjīng	튀 이미, 벌써
以前	yǐqián	몡 이전
以为	yǐwéi	통 생각하다, 여기다
一点儿	yìdiǎnr	조금
音乐	yīnyuè	몡 음악
应该	yīnggāi	통 마땅히 ~해야 한다
英雄	yīngxióng	몡 영웅
用	yòng	통 사용하다, 쓰다
有	yǒu	통 가지고 있다(소유), 있다(존재) 통 ~만하다(비교)
有点	yǒudiǎn	튀 좀, 약간
有人	yǒurén	어떤 사람, 누군가
有时候	yǒushíhou	튀 가끔씩
有意思	yǒu yìsi	재미있다, 흥미 있다
又	yòu	튀 또, 다시
雨伞	yǔsǎn	몡 우산
月	yuè	몡 월, 달
越	yuè	튀 점점, 더욱더
越来越	yuèláiyuè	튀 더욱더, 점점, 갈수록
晕车	yùnchē	통 차멀미하다

在	zài	(동) ~에 있다, 존재하다 / (개) ~에서	专家	zhuānjiā	(명) 전문가
咱们	zánmen	(대) 우리(자기 쪽과 상대방 쪽을 모두 포함함)	幢	zhuàng	(양) 동, 채(건물을 세는 단위)
早	zǎo	(부) 일찍이, 벌써	撞车	zhuàngchē	(동) 차에 충돌하다
怎么	zěnme	(대) 어떻게, 어째서	字	zì	(명) 글자
怎么样	zěnmeyàng	(대) 어떠하냐	自己	zìjǐ	(대) 자기, 자신
增加	zēngjiā	(동) 증가하다, 더하다	自行车	zìxíngchē	(명) 자전거
展览会	zhǎnlǎnhuì	(명) 전람회, 전시회	走	zǒu	(동) 걷다, 걸어가다
占住	zhànzhù	(동) 멈추다, 멈춰 서다	走开	zǒukāi	(동) 떠나다, 물러나다
张	zhāng	(양) 장(종이, 침대 등을 세는 단위)	走路	zǒulù	(동) 걷다, 길을 가다
			最	zuì	(부) 가장, 제일
长	zhǎng	(동) 생기다	最好	zuìhǎo	(부) 제일 좋기는
找	zhǎo	(동) 찾다, 구하다	最近	zuìjìn	(명) 최근, 요즘
这次	zhècì	(명) 이번	昨天	zuótiān	(명) 어제
这么	zhème	(대) 이러한, 이렇게(성질, 상태, 방식, 정도 등)	左右	zuǒyòu	(명) 가량, 안팎
			坐	zuò	(동) 타다
这样	zhèyàng	(대) 이렇다, 이렇게(성질, 방식, 정도 등)	座谈会	zuòtánhuì	(명) 좌담회
			作业	zuòyè	(명) 숙제
着	zhe	(조) ~하고 있다, ~해 있다			
正在	zhèngzài	(부) 마침 ~하고 있다			
支	zhī	(양) 자루(펜 등을 세는 단위)			
知道	zhīdào	(동) 알다			
值	zhí	(동) ~한 가치에 상당하다			
只	zhǐ	(부) 단지, 오직			
种	zhǒng	(양) 종류를 세는 단위			
周	zhōu	(명) 주, 주일			
主意	zhǔyi	(명) 방법, 생각			
住	zhù	(동) 살다, 거주하다			
注意	zhùyì	(동) 주의하다, 조심하다			

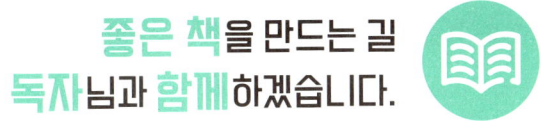

좋은 책을 만드는 길
독자님과 **함께**하겠습니다.

나의 하루 1줄 중국어 쓰기 수첩 [중급문장 100]

초판5쇄발행	2025년 03월 05일 (인쇄 2024년 12월 30일)
초판1쇄발행	2018년 07월 05일 (인쇄 2018년 05월 31일)
발 행 인	박영일
책 임 편 집	이해욱
지 은 이	시대어학연구소
편 집 진 행	시대어학연구소
표지디자인	조혜령
편집디자인	임아람 · 하한우
발 행 처	시대인
공 급 처	(주)시대고시기획
출 판 등 록	제 10-1521호
주 소	서울시 마포구 큰우물로 75 [도화동 538 성지 B/D] 9F
전 화	1600-3600
팩 스	02-701-8823
홈 페 이 지	www.sdedu.co.kr
I S B N	979-11-254-4680-4 (14720)
정 가	12,000원

※ 이 책은 저작권법에 의해 보호를 받는 저작물이므로, 동영상 제작 및 무단전재와 복제, 상업적 이용을 금합니다.
※ 이 책의 전부 또는 일부 내용을 이용하려면 반드시 저작권자와 (주)시대고시기획 · 시대인의 동의를 받아야 합니다.
※ 잘못된 책은 구입하신 서점에서 바꾸어 드립니다.
※ '시대인'은 종합교육그룹 '(주)시대고시기획 · 시대교육'의 단행본 브랜드입니다.